日本弁護士連合会 編

# ひまわり基金法律事務所だより
## 第1集
### 弁護士過疎解消に挑む

## 発行にあたって

　この度『ひまわり基金法律事務所だより──弁護士過疎解消に挑む──』を発刊するに至りました。

　この本は、全国各地の「ひまわり基金法律事務所」に赴任した弁護士の奮闘記です。

　ひまわり基金法律事務所というのは、弁護士がいないか、いてもごく少ない地域に弁護士が任期制で赴任し、その地域の法的問題について、相談から解決までを担うための法律事務所のことです。日弁連が過疎対策のために設置した「ひまわり基金」から経済的支援をしている関係で、ひまわり基金法律事務所という名称で呼んでおります。

　ご存じのことかもしれませんが、大都市部への弁護士の偏在は著しいものがあり、例えば、東京と大阪を合わせても、国土面積は1％、人口も16％にすぎませんが、全国2万4,000人を超える弁護士のうち、東京、大阪の弁護士が約1万5,000人、全体の60％を超える状況です。

　これに対し、大都市部以外の地域においては以前から弁護士が不足しており、2000（平成12）年ころには、地方裁判所の支部単位で、弁護士ゼロワン地域が全国で70カ所以上あり、地域住民の法的ニーズに対応する体勢が不十分であったことは我々の反省するところでした。

　そこで、日弁連は、2000（平成12）年以降、全会員から特別会費を徴収する形で「ひまわり基金」を立ち上げ、その支援によりひまわり基金法律事務所を弁護士過疎地に展開するようになったのですが、同年6月に島根県浜田市に「石見ひまわり基金法律事務所」を立ち上げたことを嚆矢として、2007（平成19）年9月までに全国80カ所のひまわり基金法律事務所を開設することができました。

　我々は、ひまわり基金法律事務所が過疎解消に大きな役割を果たしたと自負しているところですが、この本をご覧いただき、その奮闘の一部でもお感じいただければ幸いです。

2007年10月

日本弁護士連合会会長　平山　正剛

日本弁護士連合会 編

# ひまわり基金法律事務所だより

第1集

弁護士過疎解消に挑む

目次

- 6 **石見ひまわり基金法律事務所**（島根県浜田市）
  國弘正樹

- 16 **紋別ひまわり基金法律事務所**（北海道紋別市）
  亀井真紀

- 28 **平戸ひまわり基金法律事務所**（長崎県平戸市）
  相良勝美

- 36 **網走ひまわり基金法律事務所**（北海道網走市）
  河邊雅浩

- 48 **倉吉ひまわり基金法律事務所**（鳥取県倉吉市）
  佐野泰弘

- 58 **島原ひまわり基金法律事務所**（長崎県島原市）
  金　昌宏

- 70 **人吉・球磨ひまわり基金法律事務所**（熊本県人吉市）
  蓑田啓悟

- 82 **五所川原ひまわり基金法律事務所**（青森県五所川原市）
  花田勝彦

- 94　日南ひまわり基金法律事務所（宮崎県日南市）
  　　吉川晋平

- 106　宮津ひまわり基金法律事務所（京都市宮津市）
  　　由良尚文

- 120　根室ひまわり基金法律事務所（北海道根室市）
  　　米村哲生

- 128　知覧ひまわり基金法律事務所（鹿児島県南九州知覧市）
  　　永仮正弘

- 136　横手ひまわり基金法律事務所（秋田県横手市）
  　　外山奈央子

- 144　鹿屋ひまわり基金法律事務所（鹿児島県鹿屋市）
  　　大山　勉

- 156　熊野ひまわり基金法律事務所（三重県熊野市）
  　　池田慶子

- 166　留萌ひまわり基金法律事務所（北海道留萌市）
  　　大谷和広

| 176 | **宮古ひまわり基金法律事務所**（岩手県宮古市）<br>田岡直博 |
| --- | --- |
| 190 | **輪島ひまわり基金法律事務所**（石川県輪島市）<br>平良卓也 |
| 204 | **丹波ひまわり基金法律事務所**（兵庫県丹波市）<br>東　泰弘 |
| 212 | **益田ひまわり基金法律事務所**（島根県益田市）<br>吉田隆宏 |
| 224 | **玉名ひまわり基金法律事務所**（熊本県玉名市）<br>田中裕司 |
| 236 | **鳥取ひまわり基金法律事務所**（鳥取県鳥取市）<br>曽我紀厚 |

**事務所データについて**
・事務所データは、2007年9月末のものです。
・任期制の事務所では、執筆者の任期期間と現在の所長名を掲載しました。
・事務所名は、執筆当時のままにしてあります。その後、事務所名に変更があるものがあります。

本書に収録した「事務所だより」は、根室ひまわり基金法律事務所（米村哲生執筆）を除いて、『自由と正義』（日本弁護士連合会編集）で連載中の「連載／リレーエッセイ・公設事務所だより――津々浦々にひまわりの花を」（54巻8号〔2003年8月〕より開始）に加筆・訂正したものです。各事務所だよりの掲載号は、巻末に表示してあります。

島根県浜田市
## 石見ひまわり基金法律事務所

國弘正樹 Kunihiro Masaki

# 過疎地での弁護士

公設事務所第1号の弁護士となって

所在地：〒697—0026　島根県浜田市田町116-6石見交通ビル2階
創立年月：2000（平成12）年6月
任期：2000年6月～2003年5月
裁判所管轄・地方裁判所支部名：松江地方裁判所浜田支部
2003年6月、弁護士法人みやこ法律事務所浜田事務所と改称し、2006年5月で、浜田事務所を廃止し、松江事務所（松江市）に統合した。従って現在、浜田市には事務所はありません。

（2007年9月末現在）

## 1 はじめに

　2000年4月に出された『ドキュメント弁護士』(中公新書)で、弁護士偏在の問題につき、こう指摘されている。

　「日弁連は、弁護士過疎の問題を長い間放置してきた。真剣に取り組むようになったのはここ数年である。『弁護士の自治にまかせていては解決しない』『弁護士がいないなら司法書士に法律事務の一部をまかせるべきだ』といった声に押され、ようやく重い腰を上げた感がある。日弁連は最近、弁護士会などが費用を出して事務所を開き、そこに弁護士を常駐させるといった方式の『公設事務所』構想を打ち出した。運営は赤字覚悟だ。赴任する弁護士の負担も大きい。だが、こうした改革を推し進めないかぎり、弁護士と市民の距離は容易に縮まらない」と。

　それから3年経過した2003年5月の司法シンポジウムで、NHKの若林誠一解説委員は、「公設事務所は当番弁護に次ぐ日弁連のヒット商品になるかもしれない」といった趣旨の発言をされた。この3年間に全国17箇所に開設され、いずれの事務所も地元から歓迎され、期待されての船出となっており、「赤字覚悟」の心配より、「事件数が多すぎて処理しきれない」心配の方が大きい盛況を見ての発言である。

　「公設事務所」は日弁連のヒット商品となれるのか。このことを考える手がかりとして、公設事務所第1号の弁護士となってその渦中にいた石見ひまわり基金法律事務所の場合を報告する。

## 2 なぜ公設事務所に

　2005年5月に、私は京都弁護士会の掲示板に公設事務所弁護士募集の広告が貼ってあるのを見て、考えなしに応募用紙を日弁連宛に投函した。日弁連や地元弁護士会への問い合わせも、担当者への根回しも、周囲の人たちとの相談もしなかった。突然の応募用紙の到来に、当時日弁連の担当副会長で

あった大賀良一さんは、「どこの変な弁護士か」と思ったそうだ。私が応募したのは、見知らぬ土地、収入のセーフティーネット、そして公益弁護に魅力を感じたからであった。

　もともと気持ちの中に、自分のやっている弁護士という仕事はどうもうさんくさいという思いがあった。お金を払う依頼者のために仕事をしながら、他方で社会正義を標榜していないと落ち着かない。つぎ込む努力と支払われるお金が対応していない。だから、手抜き、ごまかしで済ますかどうかはこちらの気分次第ではないか。さらに、自分が、いつしか事務所の維持のために仕事をしているだけになっているのでないかという懐疑の気持ちも生じてきていた。そんな時に、見知らぬ土地で気分を一新でき、最小限の収入は保障されると言う。だから、稼ぎの心配をすることもなく、公益弁護を担うという自己満足も味わえる。これなら上出来ではないか。これが、私の公設事務所応募の動機であった。「赴任する弁護士の負担も大きい。だが、こうした改革を進めないかぎり、弁護士と市民の距離は容易に縮まらない」といった特別な使命感をもって応募したわけではない。

## 3　記者会見

　2000年5月の応募から1カ月もしないうちに、これまで仕事をしていた京都市内の事務所から島根県浜田市の石見ひまわり基金法律事務所への赴任がきまった。6月には事務所を開設して欲しい。これが日弁連の要請であった。

　採用面接と赴任弁護士決定の記者発表のために松江に行ったときから、テレビ、新聞の取材があった。さらに、浜田市内での事務所探しにはNHKのカメラまで同行した。6月12日の開所式の取材、6月19日の業務開始初日の取材と、記者からは何回も「なぜ、都会から過疎地にきて弁護士をしようと思ったのですか」と質問された。質問されるたびに、だんだんと、なにか高邁な使命感に基づいてやってきたのだと言わなければならないような気分

になってくる。そのうち、「過疎地だからこそ新たな試みがしやすい。法廷業務だけでない弁護士の仕事のあり方を試みてみたい。地域とのつながりを持ちたい」といったような半ば本心、半ばその場の思いつきといった答えが出てきた。そんなふうに言ったことが、公設事務所での仕事を方向付けていったとも言える。

## 4 事務所開設

　事務所の開設は、イソ弁からの独立と同じである。事務所を探し、事務機器と図書備品を揃え、事務員を採用する。公設事務所とはいえ中身はすべて自分で決める。でき上がった事務所に入るのではないから自分なりに構想する楽しさがある。

　当初借りていた1部屋15坪の事務所では、中央に4人が座れる半楕円形の島状デスクを置き、事務員と弁護士が向かい合わせで仕事をするようにした。向かい合う机と机の間を閲覧室のように壁で仕切るが、顔をあげれば話ができる高さにした。弁護士と事務員が同等の立場で仕事を進めるのだという考えである。入り口の近くに衝立を置いて相談コーナーのテーブルと椅子を置いた。当初は相談者が事務所で重なり、外の廊下で待ってもらう事態なぞ予測もしていなかった。

　事務所開設の半年後に、空いていた隣の部屋（15坪）を借り増して2部屋にした。2つの部屋は、中の壁を切ってドアをつけ、廊下に出なくても通じるようにした。借り増した部屋には、2人分の弁護士デスクと10人は座れる会議テーブルと円卓のテーブルセットを置いた。ここで勉強会ができるというのが自慢である。弁護士がもう1人増えても対応できる部屋割りである。

　事務員は事務所の重要な戦力である。都会に比べて給与水準は低い。専門能力を持っている職員を見つけることは難しい。能力のある事務員を採用して、事務所の中で専門知識を教育していくしかない。私の場合は、事務所開

設の3カ月後から、男性1名、女性2名の正社員事務員と時々のアルバイト事務員1名の事務局体制でやってきた。法律事務の経験のある者は誰もいなかったが、男性事務員はこれまでの社会経験を生かして、破産管財事務の処理や、債務整理の実務を担ってきた。機械音痴の私は、女性事務員のパソコン能力に助けられている。さらに、事務局で経理、社会保険、税務申告まで自分で勉強して、処理してくれている。

事務所のOA機器としては、弁護士、事務員のそれぞれに電話、パソコンを備え、事務所に1台のファックス、コピー機、印刷機を備えている。これは現代の法律事務所にとって最小限の装備である。判例検索、ジュリスト、判例タイムズ、金融法務事情のバックナンバーのCDを寄贈してくれたことはありがたかった。インターネットでの情報検索も勉強会の資料作りに役立っている。

## 5 赤字覚悟か

　私の場合、開設費用400万円と最初の3カ月間（6、7、8月）は月額100万円相当の、次の3カ月間（9、10、11月）は月額50万円相当の運営費援助が日弁連よりなされ、最終的に2000年12月までに合計552万円の運営費援助をいただいた。2000年6月12日の開設から同年12月末までの収支は、収入合計1,773万8,245円に対し経費合計1,266万7,205円であり、差引507万1,040円の利益計上となった。これに日弁連からの運営費援助552万円を加えた1,059万1,040円が公設事務所赴任後7カ月の所得となる。

　2001年1月から同年5月までの収支が、収入合計939万9,512円に対し、経費合計925万8,044円であり、差引14万1,468円の利益計上ということで、この期間だけをとらえると、1月3万円に満たない利益しか上げられていないということになった。たまたま取材を受けた共同通信の記者にこの話をしたら、たちまち、公設事務所第1号経営危機と全国に配信され、各地方新聞に大々的に報道された。このときは、支援委員会の要請で日弁連から

500万円の運営費援助の仮払いを受けた。

　しかし、2001年12月までの1年間では、最終的に、2,818万9,062円の売上で、経費合計2,209万897円を差し引いて609万8,165円の利益計上となり、運営費援助の仮払金500万円のうち180万円を日弁連に返還して、320万円を運営費援助としていただいたのをあわせると929万8,165円が2001年の所得となっている。

　その後、売上は順調に伸び、2002年1月から12月までの売上は5,882万350円、経費合計2,324万1,980円を差し引いて、3,557万8,370円の利益計上となり、運営費援助を受けることなく、十分に事務所経営が成り立つ経営状況になった。

　事務所開設当初、相談は多いが事件受任となって着手金をもらうまでには至らず、また、事件が解決して報酬を受け取れるようになるには1年ほどの時間差があることから、始めの1年間は、着手金と報酬金という収入構造のもとでは、経営状況に苦しくなる場合がある。開設3カ月後から、月に150万円以上経費のかかる事務所体制にしていたので、これに見合う収入がない場合は経営が苦しかった。しかし、事件処理がすすむようになれば、収入を確保でき、経営も安定してきたといえる。

　全国の公設事務所の話を聞くと、その後に開設された事務所はいずれも開設当初から事件が殺到し、収入が少ないという心配は無用である。しかし、その中身を見てみると、過疎地における自己破産申立事件の急増という現象が弁護士需要を増やし、公設事務所の経営安定に貢献している面がある。自己破産申立事件は、これからもしばらくは減ることがないだろうが、いずれ手続の簡素化、定型化によって、弁護士の業務から離れていくのではないか。その時に過疎地の公設事務所の収入を支える事件収入が維持できるかどうか。そこが問題である。

## 6 新しい試み

　浜田市にやってきた当初、石見法務研究会という司法書士の勉強会に招かれて「ひまわり基金」の話をした。その後、この研究会の特別会員にしてもらい、毎月の例会にも参加するようになった。事実上弁護士1人の浜田では、この研究会が法律の議論をする唯一の場であった。

　この縁で、浜田市から50キロ西にある益田市での司法書士の研修会に参加し、少額訴訟の話をした。以前に、日弁連のアメリカ調査に同行して、カリフォルニアの少額訴訟を見学したことがある。前を走る車がはねた小石が後ろに続く車のフロントガラスに当たって傷つけた。そんな損害賠償請求事件であった。弁護士がパートタイムで勤める裁判官によって、順番待ちの事件が次々と処理されてゆく様子が印象的であった。

　見学後、裁判所職員は、少額訴訟の活性化のためには利用する当事者への手続の教示と事前準備の支援が必要だと強調されていた。そんな記憶もあって、浜田、益田の少額訴訟を活発にするために、少額訴訟の支援センターを作ろうと司法書士にもちかけた。その成果が2001年3月に立ち上げた「石見少額裁判サポートセンター」である。時あたかも、司法書士の簡裁代理権付与の是非についての議論が沸騰していた。日司連をはじめ地元司法書士会も応援して、「石見少額裁判サポートセンター」は誕生した。公民館を使っての相談会、専用の携帯電話での相談受け付けといった体制で業務を開始した。これまでに、何件かの訴訟支援をしてきたものの、少額訴訟の活性化というにはまだまだ程遠い実績である。

　2001年5月には、「石見成年後見センター」を立ち上げた。こちらは、出雲市の錦織正二弁護士が出雲市で立ち上げた「出雲成年後見センター」にならって作られた。成年後見人の候補者になろうという司法書士、社会福祉士らが会員となった。成年後見制度にかかわる研修、成年後見申立の相談、裁判所の委嘱を受けての成年後見人候補の推薦等を業務としている。毎月1回の運営委員会と相談会、さらに3カ月に1回程度の研修会、そして成年

後見人候補の推薦など、それなりの活躍をしている。高齢化の進んでいる島根県ではこれからますます需要が増す分野であるが、後見人業務が経営的に成り立つかどうか問題であり、専門家による成年後見人候補者の確保が難しい。

　2002年4月には、「石見生活者サポートセンター」を立ち上げた。自己破産申立の援助を進めて生活支援をしようというものだ。基本的には司法書士と弁護士が協力して、債務整理の相談と破産・再生の申立支援さらに事件受任を行っている。こちらは毎週土曜日の午後の相談で、6人ないし8人の相談枠が一杯になる盛況である。最近ではヤミ金の相談が多い。司法過疎地は高利業者の草刈場であり、相談できないために不当な高利を払いつづけている債務者が多数潜在している。

　以上のほかに私が事務所で始めたものが、「市民法律教室」である。事務所を拡張して、十数人が座れる会議スペースができたことから、これを利用して市民相手の勉強会をしようと思った。2001年3月、地元新聞の記者に構想を話して記事にしてもらい聴講者を募った。30名以上の応募があり、月1回土曜日の午後に行う「市民法律教室」はいつも満席である。話している内容は、私の興味関心に基づいて、最初は市民向けの日常生活にからむ法律問題を取り上げていたが、次第に、最近読んだ新しい法律のテキストを題材とした話になり、最近では、判例タイムズから拾った判例を題材に事例に即した法律問題の話をしている。参加される市民はみな熱心に耳を傾けてくれる。自分の教え方も満更でもないなと自信をつけた。

## 7　公設事務所から弁護士法人へ

　2003年6月11日で石見ひまわり基金法律事務所での3年間の任期が終了する。公設事務所弁護士を継続するか、もとの事務所に戻るかを考えたとき、ここではじめた試みを途中で放るのはもったいないと思った。かといって公設事務所に縛られるのもかなわないと。その打開の選択肢が弁護士法人構想

であった。

　2003年6月2日、京都で弁護法人みやこ法律事務所を設立した。弁護士法人みやこ法律事務所は私がもと所属していた京都の都総合法律事務所と浜田の事務所を合体して法人化したものだ。浜田事務所は従たる事務所（支店）となる。いずれ、若い弁護士にバトンタッチするにしても、京都に戻って仕事ができる可能性を残しておけば、浜田に来てもらいやすい。浜田事務所の弁護士スタッフが増えれば、私も京都と浜田を行き来することができる。弁護士任官や法科大学院の教員の道も考えられなくはない。そんな勝手なことを考えている。

（島根県弁護士会所属）

〔追記〕
　2004年4月、全国いっせいに法科大学院が開設された。山陰地方でも、定員30名ながら島根県松江市に島根大学の法科大学院（山陰法科大学院）が作られた。私も、その実務家専任教員の一員に加えてもらった。それに伴い、住居も浜田市から大学のある松江市に移した。山陰地方という司法過疎の地域だからこそ、そこに法科大学院ができる意味がある。地産地消の法曹養成が可能になるのだと意気込んだ。開設2年後の2006年の第1回の新司法試験では、唯一人の既習者H君が合格し、合格率100パーセントだった。しかし、今（2007）年は、3名の合格にとどまり、現実の難しさを思い知らされた。開設2年目から、実務科目のリーガルクリニックの指導も担当することになった。授業を進める中で、実際の事件処理を学生と一定期間ともに体験する機会をリーガルクリニックの授業の中に設けられたらと思った。そこで、新たに、弁護士法人山陰リーガルクリニックを設立し、大学との間で協定を結びリーガルクリニックの実務教育を担う事務所に衣替えした。将来的には、ここが、島根大学法科大学院の卒業生が実務家になって、母校の後輩を指導する拠点事務所となってくれたらと夢想している。

＊石見ひまわり基金法律事務所は、現在は、浜田市の浜田ひまわり基金法律事務所（電話：0855-24-1605）と益田市の益田ひまわり基金法律事務所（電話：0856-31-1565。本書212頁参照）に発展解消しています。

　國弘正樹弁護士の所属事務所は以下です。
◎弁護士法人山陰リーガルクリニック
所在地：〒690―0884　島根県松江市南田町62-6
電話：0852-23-4300
創立年月：2007（平成19）年7月
営業日：平日
営業時間：午前9時〜午後5時30分
予約：必要

北海道紋別市
## 紋別ひまわり基金法律事務所

亀井真紀 Kamei Maki

# 初代二代目所長
# 弁護士となって
### 交代型公設事務所プロジェクトの第1号

所在地：〒094-0004　北海道紋別市本町4丁目紋別経済センター2階
電話：0158-26-2277
創立年月：2001年（平成13年）4月
任期：2003年4月〜2005年3月
現在の所長：大窪和久
弁護士数：1名
事務職員数：3名
営業日：月〜金曜日
営業時間：午前9時〜午後5時
法律相談の事前予約の要否：必要
裁判所管轄・地方裁判所支部名：旭川地方裁判所紋別支部

（2007年9月末現在）

# 1　2代目到着

　2003年4月1日から紋別ひまわり基金法律事務所の所長をやっています。今現在、3カ月が過ぎたというところです。弁護士としては2年目ですが、事務所自体は3年目を迎えます。前任者は同じ東京の事務所出身の先輩である松本三加弁護士です。2年間の任期を終え、私と入れ替わるように東京に戻りました。(※1)

　私が所長になる前の2カ月は、紋別で引き継ぎの手続と事件の処理などを一緒にやり、事務所経営のことから精神力の維持方法などたくさんのことを教わりました。

　私が紋別の2代目になるということは同じ東京の協力事務所出身ということもあり、随分前から囁かれてもいたことであるので私としては意外な展開ではないのですが、昨(2002)年の11月に正式に決まってからは、とかく「松本さんの後は大変ね」「やりにくくないの」と言われました。「じゃあ、あなたが行ってくれますか」とよっぽど尋ねようかとも正直思ったこともありますが、そんなことは結局空しいのでやめました。後だろうと先だろうと新人弁護士が弁護士過疎地で一人やっていくことは大変なのです。

　また、修習中に自分で「最もやりがいのあること」として決めたことであり、北海道で暮らすというただそれだけのことにも大きな興味がありました。せっかく得た弁護士という資格を生かして、やりがいのある仕事を選び、そして好奇心を満たしてくれる、こんなに幸せなことはないと本当に思っているので、雑音は気にしませんでした。

　実際今(2003)年の2月にこちらに来てからは、引き継いでくれる人が来たことに感謝されこそすれ、弁護士が交代することについてブーイングを受けたことはありません。

　裁判所支部があるほどの人口がありながら、何十年も弁護士が一人もいなかった地域です。まだまだ、弁護士がいることに慣れておらず(何をもって慣れというのか分かりませんが)依頼者の側からすると以前のように弁護士

紋別ひまわり基金法律事務所　17

がいない状況になったらどうしようという不安の方が大きいのかもしれません。

## 2　2年いること、2年で帰ること

　私も松本弁護士同様、東京に夫を残して単身赴任で紋別に来ており、2年の任期ということで所長をやっています。（※2）ある一つの事件を解決する上で、2年という期間が短いことはよく分かっています。弁護士過疎地に弁護士が必要で、やりがいがあると感じているのなら、定着しろと言いたくなるのもすごくよく分かります。それはそうかもしれません。弁護士という仕事柄、その土地に根を下ろし、着実に市民の信頼を得てこそ、本当に意味のあるものだということもいえるでしょう。

　しかし、そのような根を下ろす人をただただ待っていても、現れる可能性が極めて低いのは、弁護士過疎の問題が今に始まったことではないこと、司法試験合格者が増加しても都会に登録が集中していることからも明らかだと思います。弁護士過疎の問題が深刻であることは周知の事実であり、弁護士10人のうち9人くらいは「何とかせねばね」と言ってくれるのではないでしょうか。

　ところが「じゃあ、あなたが定着してくれますか」と問われて、「よし！」と言ってくれる人はごくわずかです。家族のこと、顧問のこと、その他もろもろのことを考えれば、そう簡単に首を縦に振れない方が普通です。私だってそうなのです。現実は現実として真摯に受け止めねばなりません。

　そうだとすれば、やはり行ける人が行ける範囲で行くという制度を創り、維持していかねばなりません。いつまでも定着弁護士を待ち続けることで、一番困るのは実際に弁護士過疎地に住んでいる人々なのです。

　弁護士過疎という問題について少し距離を置いて考えた場合、任期付きの赴任というのは根本的解決にならないという意味で、いたって不十分な制度かもしれません。

サハリン裁判所長（右）と
（2003年夏、サハリン視察旅行にて）

　しかし、実際に困っている市民からは、10に満たない5の制度というのではなく、0からようやく5になってくれた、大きな進歩だという制度としてとらえられていることに最近改めて気付きます。2年で帰ることよりも弁護士が少なくとも2年いることに価値を見出してくれます。
　それくらい東京では考えられないくらいの切羽詰まった地域が日本にはまだまだあるのです。
　公設事務所の二代目になるということは、例えていうならこのように市民に評価されている5の状態をまずは0に戻さないこと、そしてスムーズに事件の引継ぎを行うことで限りなく弁護士が交代することのマイナス面を小さくし、よりいっそうの信頼を得るための仕事をするということです。
　そのような意味で、公設事務所初めての引継ぎというのは交代型公設事務所の真価が問われるプロジェクトの第1号であると考えています。
　さぞかし肩の荷が重いだろうとまた言われるかもしれませんが、そのとおり重いのです！

紋別ひまわり基金法律事務所　　19

## 3　一人でできること、できないこと

#### 断る辛さと受け入れる大変さ

　実はそうはいったとしても、そんな肩の荷の重さなど日々の業務の中では考える余裕もありません。思い出すのはせいぜいこのような原稿書きの時くらいです。それくらいつまり忙しい。

　ひまわり基金法律事務所の所長になるということは、ある一定の地域で他に弁護士がいない又は極めて少数の現場で働くことです。すなわち「他に行って下さい」と容易に言えないしんどさを感じ続けなければならないということです。

　今思えば東京にいたころ、事務所に飛び込みで電話をかけてきた方に「弁護士会に法律相談センターがありますので」「クレサラなら四谷や神田にセンターがあります」「うちでは飛び込みの相談を受けていないのです」と実は何の躊躇もなく答えていたのですが、それは何と贅沢なことか。

　紋別の事務所で相談申込とはいえ話を直接聞いてしまえば当然助けたくはなります。でも許容量として受けられないことが多々あります。そういう場合「この人の手を離して大丈夫だろうか」「多少遠くてもほかのところに相談に行くことができるだろうか」と電話を切った後も考えてしまいます。

　また、紋別の事務所では債務整理の相談者の場合、ほぼ間違いなく受任することを前提に受付をするので、その手間や時間は半端ではありません。しかも誰もかれも「今すぐ相談に行きたい」という勢いであり、よくよく聞くと配偶者や子どもも一緒に来てもらわないと手続を進めるのは難しいという人も多いので、よくよく聞かなければなりません。

　きっと、四谷や神田のセンターの受付事務の人も大変なんだろうな、生の相談の第一声を聞くセンターの事務の人のストレスはものすごいものだろうなと今更ながらおそれいったりもしています。

　もちろん電話に出る紋別の事務所の事務員も本当に大変です。

　さらに大変なのは、事務所に直接来訪して相談ごとを話し始める人が多い

紋別に押し寄せるオホーツク海の流氷（2005年）

ことです。途中でストップをかけるのは至難の業です。それくらいその人にとって切羽詰まっているということですが、電話で予約をとって行くという感覚がないのには正直驚きました。でも、弁護士の仕事などは一般の人からすればおそらくあまりイメージのつかないものであり（特に弁護士がいなかった地域では）、予約を必ずしもとらなかったからと言ってそれを単に「非常識」と片づけるのは、弁護士の奢りであると思っています。救急患者が最近ようやく自分の町にもできたらしい病院にかけこむのと一緒だからです。

とはいっても予約なしで相談を受けるということはしていません。電話での相談も受けていません。そんなことをしていたら既に受任している事件の処理ができませんし、かえって予約をした相談日まで待ってもらっている相談者との関係で不公平にもなるからです。そして基本的には先着順であり、例外的に一見して特に緊急を要するような場合のみ、近い日に相談日を設けたりしています。その辺りの判断は、実は私にも事務員にも本当に難しいのですが仕方ありません。

一人のキャパシティ

結局、1人の弁護士が受けられる数というのは、地域人口に比べ非常にわずかなものです。ワン地域の弁護士だからといって、その管轄地域の相談

を全部受けられるとか受けるべきなどと考えるのは大間違いだと思います。正直、実際に赴任するまでは、私も利害相反の場合を除いて全部受けるんだということをイメージしていたし、期待されているのではと思うこともありました。当初「この紋別の管轄地域の事件はすべてお任せ下さいな」という勢いとノリがあったことは認めます。

しかし、管轄というもの自体そもそも過去にお上が決めたことであって、物理的にアクセスしやすければ（道路があるとか、峠がないとか）違管轄地域からも依頼者は来ますし、公設事務所のように門戸を開放した事務所であれば、ありとあらゆる人が相談に来て、すぐに書庫は関係書類でいっぱいになってしまうのです。

さらに、もはや当番と呼べるのか分かりませんが、弁護士会から要請があれば警察署に接見に行かねばなりません。

実際、4月からの依頼者の特徴として、隣の北見支部に属する地域から来る方がびっくりするくらい多く、当番出動回数にしても、東京で弁護士をやっていた時の約5倍です。そのほかに、扶助事件や国選事件も受けなければなりません。

そういうわけで、ようやく最近一人で全部を受けねばなどと考えたら大変なことになるし、むしろ過信であると思えるようになりました。いや実は当初そのように考えてしまって、かなりまいってしまいました。「ほかに行って下さい」と言ったところで、行くところがないのが分かっているからつい受けたくなってしまう（これは本当に。砂漠で水を欲しがっている人が目の前に現れたら、誰だってとりあえず水をやりたくなるでしょう！）のです。

しかし、自分には既に松本弁護士から引き継いだ事件も含め、おなかをすかせた子ども（？）がいっぱいいることを忘れてはいけないと、最近身を切るような思いで相談を断ったり、待ってもらったりしています。

一人でできることの範囲、もはや一人ではできない数の事件、法的サービスの需要と供給のバランスというものを客観的に考えられるようになったのは、こちらに来て少し成長したことの証かもしれません。

いずれにしても、北見を含む周辺地域に来てくれる弁護士が全国の弁護士の中で一人くらいいないものでしょうか。市民の切羽詰まった生の声を聞いている者として、また単に市民の一人として切に願っています。

## 4 一人ではないこと

旭川弁護士会

こちらに来てとにかく車に乗ることが多い。乗っている時間も長い。そもそも紋別には鉄道の駅がない（！）という理由もありますが、北見の裁判所や札幌（片道4時間くらい）の会議に行くことが結構あるのです。また、月に1回は本庁のある旭川に行って弁護士会有志による判例の勉強会に参加しています。ずっと東京暮らしで、北海道生活をまだまだ新鮮に感じている私にとって、途中の寄り道（？）は贅沢な息抜きでもあります。

弁護士会の勉強会では、司法試験の受験時代のようにレジュメを作って判例の発表を担当させられますが、若手（？？）弁護士から意見がポンポン出たり、雑談が交わされたりして大変おもしろいです。勉強会の後には飲み会があるなど、修習生との貴重な交流の場でもあります。

そして何よりも有り難いのは、勉強会の日程を遠くから来る私のスケジュールを優先してくれることです。

旭川弁護士会は、紋別以外に、稚内、名寄、留萌という支部を抱え、名寄、留萌は、弁護士が一人もいない地域であるから（公設事務所を作るために弁護士を募集している！）（※3）その行動範囲の広さや事件数、相談依頼数、国選、当番の回数、会務の量は半端ではありません。それにもかかわらず……というか、そうだからこそなのか私のように東京から来た経験の浅い弁護士も大きな役割を担う者として見てくれます。そんなわけで弁護士過疎地にいながら一人であることを意識することは実はあまりありません。むしろ東京にいた時よりも、小規模単位会ならではのアットホームさを常に感じています。

何といっても北海道

　また、北海道に来てから数ヶ月しか経っていませんが、多くの人が紋別を訪れてくれました。市内から車で15分のオホーツク紋別空港にお迎えに行くのは、日常茶飯のことです。一緒に温泉に行ってまったりすることなどはもとより、日頃の何気ない愚痴を披露し、仕事上の情報交換をできるだけでも、本当に助かっています。その御礼として、素晴らしい空気、緑、海、そしておいしいカニをプレゼントできるのも北海道ならではでしょう。

　私は人間は本能的に「誰かに必要とされたい」願望があると信じていますが、公設事務所に来て、こんなにもダイレクトに弁護士一人の必要性を感じることになるとは思っていませんでした。

　また、どんな時も、どこにいようとも、決して１人で仕事しているわけではなく、公私ともに支えてくれるたくさんの人がいるからこそできるのだということをこんなにも強く感じるとは思っていませんでした。

　夫を東京に残し、一人暮らしは寂しいと思う時もあるけれど後悔は全くありません。

　紋別に来て本当によかったと思います。


※１　2005（平成17）年４月に任期を終え、その後56期の大窪和久弁護士が初代３代目として所長に就任しています。

※２　公設事務所によっては元々３年任期としているところもあり、また任期を延長している所長弁護士も多数います。大窪弁護士も任期を延長しています。

※３　2004（平成16）年には名寄、留萌にも公設事務所が作られました。2008（平成20）年には稚内にも公設事務所ができる予定です。旭川管内の全ての地裁支部に公設事務所があることになります。

　　　　　（当時、旭川弁護士会所属。現在、第二東京弁護士会所属）

〔追記〕

　この原稿は2003（平成15）年6月ころ、「自由と正義」に掲載するために書かれたもので、今回少しだけ字句等手直ししましたがほとんどそのままの内容です。

　私はその後、2005（平成17）年5月には古巣の第二東京弁護士会、渋谷にある桜丘法律事務所に戻り、現在（2007年8月）に至っています。

　紋別、そして旭川は本当に素晴らしい所で弁護士の必要性が東京以上に高いということもさることながら、ライフスタイルの選択として非常に魅力的な地だと思いました。ですので、一時はもう少し延長すること、定着することなども本気で考えました。

　ただ、夫とこれ以上別居するのもどうかと思ったこと（やりがいという名目のある種のわがままで赴任したので……）、たくさんの弁護士がいる中で改めて目指す弁護士像や求められる能力について考えてみたかったことからやはり戻ることにしました。

　2年の任期を終えるまで、語り尽くせないくらい、楽しいこと、辛かったこと、迷ったこと、感動したことがありました。3代目の大窪弁護士に交代するときに行われたホテルでの引き継ぎ式では退任挨拶で号泣してしまうという不覚の事態にも陥りました。

　東京では「紋別ではどうでしたか？」という質問とともに「東京に戻ってどうですか？」と聞かれることが多々あります。前者の質問の答えは既に書いた通りです（本当はきりがありませんが）。後者については、実は紋別のことを語る以上に難しいのですが、一言で言えば「とにかくいったん帰ることで気付くことがたくさんあった」ということになります。東京のよさや北海道のよさもさることながら、人と人のつながりやさらに今後自分に何が出来るか、何をしたいかということは弁護士過疎地で毎日の事件処理に忙殺されていた時にはあまり考えることができませんでした。

　公設事務所は約80箇所にも上ろうとしています。その中には定着をし、ひまわりの看板を下ろして既に個人事務所となっている所もありますし、任

紋別ひまわり基金法律事務所　25

期を終え私のように都会に戻って来る弁護士もちらほら出始めています。全国に散らばった彼らが弁護士過疎地という特殊な環境で何を考え、何を感じたのか、私自身非常に興味を持っています。

そして、それらが特に若い法曹の方、法曹を目指している方に伝わることを切に願っています。

◎事務所へのアクセス
- 飛行機：オホーツク紋別空港（現在エアーニッポン航空〔ANK〕の東京往復1日1便のみ（2007年8月現在）
- 電車：鉄道駅なし、最も近い鉄道駅はJR名北本線遠軽駅（紋別市内から約40km）
- 自動車：旭川市内まで140km（車で浮島峠を経由し3時間から4時間）

長崎県平戸市
## 平戸ひまわり基金法律事務所

相良勝美 Sagara Katsumi

# 25年間の弁護士空白を埋めつつ

所在地：〒859-5115　長崎市平戸市新町72-1
電話：095-23-3540
創立年月：2003年（平成15年）4月
弁護士数：1名
事務職員数：1名
営業日：月～金
営業時間：午前9時～午後5時30分
法律相談の事前予約の要否：必要
裁判所管轄：長崎地方裁判所平戸支部
　　　　　　（2007年9月末現在）

# 1　8月末の（フ）96号

　すでに全国では20か所にまで広がった過疎地開設型の公設事務所からのそれぞれの報告を聞く限り、業務の半ば近くあるいはそれ以上のパーセンテージが破産申立事件とサラ金クレジット関連の処理で占められている。元祖公設事務所となった石見ひまわり基金法律事務所からは、3年間の実績にもとづいて「過疎地における自己破産申立事件の急増という現象が弁護士需要を増やし、公設事務所の経営安定に貢献している面がある」という控えめな指摘がなされたうえで、いずれ手続の簡素化、定型化によって（破産申立事件が）弁護士の業務から離れていった場合に事件収入が維持できるかどうか「そこが問題である」という危惧が述べられている（國弘報告・本書6頁以下）。

　しかし2002年1年間の個人破産事件が司法統計の上で21万2,000件に達した現実の中で、もはや破産申立事件がそれこそ全国津々浦々の弁護士事務所の経営安定に貢献し、重要な収入源となっている実情は否定できず、何も辺地の公設事務所に限られた話ではない。今や東京でも大阪でも、その他の人口稠密地帯の都市においても、弁護士が3人集まれば必ずと言ってよいくらい破産とサラ金（最近ではヤミ金対策）が話題とならないことはないほどである。まして公設事務所が開設される辺地は、弁護士過疎地ではあっても（それだからこそ）、弁護士1人あたりの人口比でいえば都会とは比べものにならない人々の生活が営まれている。

　試みに私にとってこの春先まで36年間の職業生活の場であった広島市の人口約120万の地域に200名をこえる実働弁護士の事務所があり、弁護士1人あたりで約6,000名。当地平戸の管内人口は約7万名の地域に私一人だけである。私にとってこの地域は過疎地どころではなく、およそ広島にいたころに比べれば10倍近い人々の生活の中で起きてくるあらゆる紛争事件についての解決と援助を求められている。もちろんその中には、ご多分に漏れない破産やクレサラ事件、容赦ないヤミ金の脅迫がかなりの量を占めつつ、事務

平戸ひまわり基金法律事務所

所の経営に磐石の基礎を提供していることは当然のこととなっている。これらの業者（業者とも言えない単なるヤクザ）にかかわらざるを得ない多くの庶民の苦しみは、政府による経済政策の長年にわたる失政と、弱者にしわ寄せのかかる苛烈な社会政策の強行という二重の原因によって打ち続く不況の中に発生しているものであって、破産申立事件数の増加は適正かつ公平な金融政策と、国民一人ひとりの生活を憲法25条にもとづき成り立たせることのできる社会保障政策の実施によって是正されるべき課題として、正確に目標づけられなければならないと私は考えている。

　たとえば高利をむさぼる金融業者に対して、利息制限法所定の利息計算を刑事罰をもって強制する「出資の受入れ、金利等の取締りに関する法律」の改正（2007年改正で、罰則金利が29.2パーセントから20パーセントに引き下げられたのは周知のとおり）がなされれば、サラ金に苦しむ人々は確実に減少するだろう。強力な調査権限と仲裁機能を備えたADRがあれば債務整理にかかる手間と時間は大幅に軽減される。たちまち私たちの経営基盤も破壊的な打撃を受けかねない結果が予想されるのだが、破産申立事件の急上昇の原因を放置したままにして「手続きの簡素化や定型化」による業務の減少を気づかうだけでは心もとない。

### 2 副業としての刑事事件──（ろ）第7号と（わ）第10号

　公設事務所のもう一つの役割として刑事国選事件や当番弁護士派遣については、経営安定にはほとんど貢献せず、煩わしい手間と時間を食うばかりの課題と認識されているせいでもあるまいが、あまり話題として取り上げられる機会が少ない。有り体に言えば、国選事件の報酬と当番弁護士の日当などは合計しても事務所収入の1割にもみたず、これでは事務所賃料（公設の場合は日弁連が賃借人で、私たちは転借人にしかすぎない）の支払いさえ滞りかねない。辺地の公設事務所の業務にとっては益することの少なく労のみ

北九十九島クルージング

多い国選の刑事事件は減少へと導かれるべきであり、そのためには軽微些細なケースについての公判請求の基準を改め、保釈の要件も緩和すべきである。当番弁護士の隆盛は喜ぶべきこととしても問題点が多い。ここではすでに「当番」という言葉は当てはまらず、県北の松浦署と平戸署江迎署は当然に私の担当で、弁護士が13人しかいない佐世保では１週間ぶっ続けの待機が義務付けられている。

　一体に最近の勾留決定には簡単に当然のごとく接見禁止の制限が付されすぎる。かつては少年事件も今ほどは多くはなかった。凶暴化も集団化も最近の傾向であろうことを前提として考慮しても、わが子が罪を犯したとき両親はまず警察に出向いて係官から事件の概要を尋ね、子どもの様子を直接間接に確かめてから弁護士事務所の門をたたくのが普通であった。厳重な接見制限と当番弁護士制度の普及（周知徹底）があいまっての現在は、まずストレートに弁護士が身柄を留置されている警察署に駆けつけ、制度の説明を行ってから両親と連絡をとるのが定石となってしまった。委員会派遣制度などは、本人や当事者からの要請や申し入れもないのに、弁護士が飛んで行って事件の概要を確認するところからはじまるので、双方の信頼関係の設定に無駄が重なることがある。身柄拘束中の被疑者から親族に対し一定の制限のもとに

直接電話をかけることを認めれば、形式的な当番弁護士の出動回数は確実に減るだろう。

　実をいうと、広島にいてこの10年間ほどは例外的にしか国選を受任せず、当番弁護士もしばらく登録名簿から除外してもらっていたので、「公設」に来てこれらの義務に拘束される身となってみれば、その負担の無駄さ加減には全く新鮮な驚きを感じさせられている。

## 3　LSCに期待がつなげるか

　しかしとりあえずは、社会の矛盾や制度の不備に目をつぶり、その流れに掉をさしつつ目前の業務のみを中心にして、淡々とした日常の生活が過ぎ5か月がたった。

　仕事の量は予想をはるかに上回っているが何とかこなしていくのに困難はない。事務所の収入もそれなりに予想を超えているが、4か月の収支では日弁連からの開設援助資金を繰り入れない限り赤字の計算である。

　私の場合転機を志して以来広島での受任事件を最小限にとどめて、未済事件の整理のみを中心に数年間の準備にあててきたのだが、幸い餞別代わりの事件解決や和解を早めた事件の報酬等もあったため、自宅の転居（とりあえずは借家一戸建て）に伴う公にはカウントされない諸掛りの経費は何とかまかなうことができたうえ、車を四輪駆動つきの新車に買い換えた。何かにつけ平戸大橋を渡り国道204号線や野越え山越えの間道ルートを走りぬける日々が重なり、車の走行距離のメーターは1か月で1,000キロを超えた。慣れない道筋での警察による違反取締りには注意が必要で、点数が重なって免停処分にでもなれば、たちまち日常の仕事に支障が生じる。タクシーや地下鉄で裁判所に通っている都会の弁護士は味わうことのない不安である。

　一応の生活条件の整った地方の中都市広島から、36年間もつつがなくそれなりの役割を果たしてきたらしい老弁護士が、何を考えてこのように不便で危険を伴う辺地にやって来たのかといぶかる人々の質問にあうことがある。

ここ平戸市は私が少年期を過ごした佐世保市に近い県北にあり、方言のアクセントにも懐かしさと親しみを覚えるが、地縁血縁は全くない。しかし地縁血縁がないことでは広島も同じであり、いつごろからか余生と晩年を過ごす環境として、広島以外の土地が良いと思い込むようになっていた。弁護士としての現役生活にいったん区切りをつけ、いわば定年を任地で迎えた公務員のように、その後の生活を全く違った地域に住んでみたいと考えている仲間は結構都会に多い。いわば脱サラ人種の田舎暮らし願望に類似した趣向だが、「公設事務所」はそのようなリサイクル人生にわりと一致しているように思える。

　都会にバックアップ体制をとる支援事務所があり、そこから派遣する形で一定の任期を辺地に経験を積み、再び都会に戻ってその体験を還元するというリサイクルシステムもオーソドックスで安定感があるが、もともと弁護士の仕事などは今も昔も先行きの保障も担保もないものであり、その中での「公設事務所」はまだ試行錯誤の段階にある。大資本系列の顧問先を多く抱えて一見安定した基盤を築いているかのごとくみえる弁護士も、都会でサラ金、ヤミ金破産申立事件の処理をメシの種とせざるを得ない町医者的弁護士も、程度に差こそあれ、日本の西の端から庶民の目を通して見る限り、その任務の基本に対する期待は同じである。「社会正義の実現」も「基本的人権の擁護」も私たち弁護士のみに負わされた課題ではない。一連の司法改革論議の中で突然あらわれてきたリーガルサービスセンター構想を、日弁連の弁護士過疎地域対策の横取りと見るか、あるいは司法アクセス充実の公的責任を遅ればせながら自覚した官製の人気取り的発想と見るかの論議は当然としても、競合し関連する分野では、ただお手並み拝見とばかりに見守っているわけにはいかない。

　2003年2月にスタートした長崎県島原のひまわり基金法律事務所に非公式に調査訪問した法務省の係官が「破産するのに、お金がかかるんですか?」と驚いていたというメールの報告があった。日弁連と官の認識の差はことほどさように大きいが、それだけに多額の予算を付したそれこそ「公設」のサ

ービスセンターが全国の必要地域に設置されることを期待するわけにもいかないだろう。全国の日弁連公設事務所経験をフルに集中して、あるべきリーガルサービスセンターの設計を急ぐ作業がまた一つ加わってきたわけだが、さなきだに多忙を極めている各地の公設事務所に、統計調査的な報告が官庁なみに求められてくるのは迷惑とは言わないものの、いかにも煩わしい。

## 4　いつまで続けることができるのか

　辺地の「公設」に身を投じることそれ自体がプロボノ（pro bono pablicoの略語としては不正確だといつも思う）の極致だとよく言われているおだてと大義名分に乗っかって、自らも納得しつつ、絵に描いた快適なリゾートライフとは程遠い辺地の暮らしを楽しんでいるのだが、かの彫刻家オーギュスト・ロダンにして次の言葉ありという。
　「職業は生活の方便ではない。生活の目的である。働くということは人生の価値であり、人生の歓喜であり、幸福なのだ」。
　諸課題を脇においた初心回帰願望の老いたる弁護士の座右の銘として、開き直った余生を送る上になんとふさわしいことか。
　やがて平戸の海に北からの強風が吹きつけると、「あご漁」の季節となる。この地では強風もまた豊漁を約束する自然の中にある。

（長崎県弁護士会会員）

〔追記〕
　やがて5年の歳月が流れる。
　もともと弁護士はサービス業にあらずと考えているのだが、稿中のLSC（リーガルサービスセンター）構想は、その後の実現過程で「日本司法支援センター」（略称、法テラス）として2006年10月に運営のスタートを切り、1年が過ぎた。司法を支援するなら裁判所の予算を増やし、裁判官とスタッフの充実をはかるべきだというかねてからの日弁連の提言はどうなってしま

ったのだろうかとも思う。最初は司法修習生の間でも評判が良くなかった法テラスは、弁護士大増員時代の潮流の中で半公務員待遇の就職'進路として徐々に欠員の補充がなされつつある状況のようだ。今のところ日弁連ひまわり基金との競合は避けられているので、暫定的過渡的方針であったひまわり基金法律事務所を各地で継続しているようだが、本来は地元定着型への発展がもっとあってもよいように考えられる。

　私は3年間の契約期間満了を前に2005年10月末で「ひまわり基金法律事務所」を辞任した。本来の自由業に戻ったので、法テラスとの任意契約を強制されるのが当然視される立場から逃れられたつもりでいるが、当面国選の刑事事件や法律扶助による民事事件の窓口として責任は果たしつつ、地元の弁護士過疎地対策には貢献しているつもりとなっている。それにしてもこの4〜5年の地方の疲弊はひどい。「格差」を比較することすら知らない「貧困」が、平成の大合併を経たこの地域全体をおおっているというほかない。

◎事務所へのアクセス
・JR佐世保駅から、国道204号線　バスなら約80分、車なら60分

北海道網走市
## 網走ひまわり基金法律事務所

河邊雅浩 Kawabe Masahiro

# 流氷の街から

## 30年以上弁護士が不在だった街

所在地：〒093－0031　北海道網走市台町3-8-5
電話：0152-61-0222
創立年月：2002年（平成14年）2月
弁護士数：1名
事務職員数：1名
営業日：月～金
営業時間：午前9時～午後5時
法律相談の事前予約の要否：必要
裁判所管轄：釧路地方裁判所網走支部
2005年1月、事務所名を河邊法律事務所と改めた。

（2007年9月末現在）

## 1　事務所の概略 （2002〔平成14〕年当時）

　網走ひまわり基金法律事務所は、JR網走の駅から1.5キロメートルほど東にあり、網走川沿いにあるマンションの１階で20坪弱の部屋を２つ使用している。網走川の向こうはすぐオホーツク海となり、冬は流氷で埋まる。事務所は、市役所、警察署、郵便局、金融機関、地元商店街に近く、いずれも徒歩数分の距離で便利である。裁判所までは車で３分程度の距離で夏なら歩けるし法務局と刑務所までは車で６分程度の距離である。

　事務は妻がしており、売り上げは全国平均程度で経費は東京の感覚でいうと低い。多数の事件処理が必要という条件付だが、現在のところ運営費までひまわり基金に頼る状況には全くない。

　日常の仕事の流れは、毎週の月・水・金は地裁裁判官が来庁する（水、金のみ）のに合わせて網走の地家裁網走支部または網走簡裁の事件のため裁判所へ行くことが多く、木曜日か火曜日は一日相談日として平均５件前後の相談を受け、合間の時間で、受任事件の処理をしたり北見の裁判所へ行ったりしている。業務で遠出というと、斜里警察へ接見のため片道１時間弱かけて行くことと北見の裁判所まで片道１時間弱かけるというあたりだ。各種会務で、霞が関・札幌・釧路などへ行くことはそれぞれ年数回程度あるが、時間で比べると霞が関へ行くのと釧路へ行くのとは大差はない。土・日は建前は休みで実際１日程度は確実に休んでいる。

## 2　弁護士過疎地での業務について

　遠出といえば、現在、札幌高等裁判所の事件がある。こちらに来て司法上の不便さを痛感したことの一つが高裁が遠いことだった。東京で仕事をしていたときは地裁の判決に不服があればすぐに控訴できた。控訴にあたり費用以外の共通する障害はなかった。しかし、釧路地方裁判所網走支部の判決に控訴しようとすると札幌高等裁判所へ行かねばならぬ。列車で６時間強、

飛行機なら3時間程度の時間と交通費が必要となり、この距離の壁は実に大きい。私が受任すれば日当等も問題になるし、札幌市の弁護士には網走の人はやはり依頼しにくい。このために民事事件では判決を受けるのに東京のとき以上に慎重になるのが正直なところだし、刑事事件で不服があったときもあきらめてしまった本人がいた。刑事事件の準抗告手続にも不便を感じた。準抗告をしたところ釧路地裁本庁の扱いということで担当書記官が記録をもって片道4時間近くかけて釧路まで行ってしまった。もちろん記録も書記官も「宿泊」となる。記録が戻ってきたのは数日後となり、却下されたこともあり結果的には勾留期間が無意味に費やされてしまったこととなった。

公設事務所は弁護士過疎対策であるが、私が感じた魅力はとにかく弁護士が足りない地域に行くので、そこで特別なことをするまでもなくごく普通に業務をしているだけでも、法の支配の前進に貢献していると実感できるだろうということだった。つまりは相談、依頼をしてもらい依頼者等に喜んでいただくことを実感しやすいということだ。とにかくあまり同業者の人が行きたがらないところへ行くだけというある意味簡単なことでやりがいが実感できるのだ。私のように人で混雑する駅や電車が嫌いな人間には打って付けだった。もちろん、弁護士は人と人との紛争解決にかかわる仕事であり、都市部に人が集まる以上弁護士が集まるのも当然である。私が当初東京で就職したのもそのことは理由の一つだった。また、弁護士過疎対策といっても相応の管内人口と事件数が見込まれる地域への派遣である。ただ、現実には人口増加が見込まれる弁護士過疎地域はないのではないかと思われ、人口が減少していくゼロワン地域にあえて弁護士が行くことはある意味ではやはり最後の一人の地域住民まで人権を実効あらしめたいというロマンがあると思う。

網走は、東京からは遠いということもあり選んだのだが、実は網走は距離的には遠いが大都市との交通の便は良い。2時間弱で羽田と結ぶ航空便が1日4往復便ある。また、網走管内には他の公設事務所の状況から多くの仕事があるに違いないと思えた。網走の街を知る同業者からは規模や雰囲気から弁護士がいないのはおかしいところだと言われたり、倍率は高いのですか

知床にて　エゾシカ

と言われたりした（応募は幸い一人だった）。網走刑務所しかないところと思っている人もいるかもしれないがもちろん違う。ただし私が赴任にあたり最も注目したのは道東の大自然への玄関口としてである。

　私が網走で開業するまで網走には30年以上弁護士がいなかったと言われている。もっとも、網走から自動車または列車で１時間程度のところには、この地方最大の11万余の人口を抱える自治体北見市があり、2002年１月当時釧路弁護士会会員が３名いた。現在は４名となっている。私は当初１時間の距離に弁護士事務所が複数あることから、この地域全体としては弁護士は足りないとしても、網走管内にいないということが強調されすぎではないかとひそかに思うことがあった。東京での生活からして私には１時間というのはさほど遠いという感覚はなかった。しかし、2002年２月から相談を受け始めて３月までの２カ月間で約100件の相談を受け、その後は手持ち事件の処理もあるため毎月20件前後となりはしたが１年間で約350件の相談を受けるなかで、改めて弁護士過疎、司法過疎を感じた。

　かなり時間がたっており、もはや解決不能な事件の相談に来た人が何人かいた。もっとはやく弁護士に相談したら良かったのにと思わずにいられない。弁護士に相談すべきかどうかを相談する人も多い。また、相談予約が２週

間先になるというと、相談するのをやめてしまう人も多い。急ぐというのでどうしてか聞いてみると今日調停があり次回までの相談をすぐしたいということもある。私からみるとそこまで急がなくても何とかなるし、それまで長く抱えていたのだから2週間先でも待ってもらって相談したほうが良いのではないかと思ったりもするのだが、本人にとっては相談したいときに相談したいのだ。何事にもタイミングは大事であるが、何日も先の半日（トータルでは半日程度は使うだろう）を法律相談に費やす予定をするというのはなかなか難しいことである。まして相談したら良くなるという確信もあるわけではないだろうから待つ意義もわかりにくいはずだ。別で相談を受けられればよいだろうが、北見の先生方ももちろん多忙である。結局、あきらめてしまう人が多いのではないかなとも思う。しばらくして再び連絡をしてきて相談することになるとかえってほっとしたりすることもある。

　公設事務所ということで各所で名前が出されること（といってもこういう場所もあるという程度だが）も多く、幾分敷居が低く感じられることもあるようだ。無料でやるはずだと思われることも多く少し困ることもあるが、私の事務所に来るために服装に気遣ってこられる人や相談に相当に緊張している人も多い。

　事務所開設2年目を迎えたときあるマスコミが取材をして記事にしてくれた。すると、その新聞を見たという人が多く相談にきた。開設のときも多くの地元マスコミが取材をし報道してくれたため、前記のとおりの開設後の相談数となったと思うし、相当知られたと思っていたが、まだまだ知らない人は多かった。中にはその新聞を握りしめて相談にきた多重債務者がいた。その人が「私が相談にいくべき場所が初めてわかった」と話したのがとても印象に残っている。かなり長期間多重債務で苦しんでいたのにそれまで相談場所が見つからなかったというのはその人にとってピンとくるものがなかったのだろうか。当然のこととして逆に私と相性の合わない相談者もいる。利用する側からみれば選択肢が多様であるほうがよいに決まっている。

　ある司法修習生が私の話を聞いたときに、私の相手方は誰に頼むかと聞い

た。地元の人同士の場合、私は片方しか代理できないのだからもっともの疑問であり、弁護士過疎の対策といってもまだ不十分であることは明白だ。同時に私の前はどちらも弁護士にたどりつかず強い者勝ちになっていたことも多いとも思う。

これまで処理した件数は、改めてあげると、2002年は、相談が350件程度で受任事件が約150件、うち民事が100件程度で、刑事が国選43件、私選7件で50件ほど。扶助事件が14件で当番弁護が8件だった。

2003年は、9月までで、相談が約200件、事件が約115件で、事件としては民事が6割、その半分は多重債務問題、家事が1割、刑事が3割程度である。なお、起訴前弁護で不起訴となったのが4件あった。また、刑事では一部無罪が1つあった。

相談事件の内容の特徴といえば、例えば多重債務については、長期間の取引経緯を持つ人が多くこれまで法的相談を受ける機会が少なかったことがうかがわれる。また、名義貸しが多く、信用情報登録により本来借りられない人が知人親類から名前を借りてさらに負債を重ねて双方とも破綻するというケースが目立つ。人間関係が濃厚なことも影響していると思う。破産以外の債務の処理については冬季の無職の期間をどうするかという問題があるし、破産後の再起も仕事が少なく深刻である。

家事事件も多いが、農業、漁業はもとより商業でも、家業の引き継ぎということが多く、そのため、配偶者の親とのトラブルも多い。また、家事、多重債務に関連して、女性の地位が低いと感じることが多い。例えば家庭内では家計のやりくりができないことを夫に言えず妻名義で借金をするようになり、とうとう返済に行き詰まってから夫の知るところとなったが、夫からは自分勝手にしたことだから責任をとれと言われた、という話にふれることが多い。関連して、権威主義的というか、相手の地位に応じてあからさまに態度を変える人も多い（もちろん北海道に限ったことではないが）。そのためか、弁護士に対する対応もとても鄭重で助かる部分もあるが、気をつけないとこちらが権威を振りかざしかねない。ちょっとした問い合わせに金融機関

の支店長がわざわざ来所することがあるのにも驚くことである。東京で多数の弁護士の中の一人でいたときには感じなかった差である。忙しいので相談日が先になってしまいますと説明させてもらうことも多いが「尊大に断られた」と受け止められることもあり、紹介者があわてて本人のかわりに予約の電話をしてくることもある。こちらも冷たく断ったつもりは全くなかったので当初はとまどったりもした。

　30年以上ぶりの弁護士ということで講演依頼もあったが、講演としては、網走商工会議所青年部、ロータリークラブ、美幌消費者協会、網走の市民大学講義、斜里町と清里町の安全条例制定集会、がそれぞれ1回あった。いずれも、なぜ網走にきたのか、弁護士とはどういう仕事か、最近の相談として多重債務やヤミ金の話、弁護士への依頼の仕方などの話をした。

　件数が多いので相談までに時間がかかったりこちらの処理能力で受任をセーブしたりしていることから、先日も事務員を増やせばもっと事件処理ができるのではないかという市民の側からの指摘も頂いたが、弁護士1人と事務員1人でできることをすればよいと思って応募したことを変更するにはまだ躊躇を感じている。

　たしかに、相談数事件数とも私が何とか処理できる程度に達しているため、釧路地裁網走支部管内の相談を優先し、北見支部管内からの相談者には北見の先生方を紹介するようにしているし、相談が2週間先というとそれでは結構と言われてしまうことも多い。

　しかし、事件等の数は、多いのか少ないのか、どう評価するのか難しい。関連して、忙しいかどうかもよく聞かれるが、なかなか難しい質問である。忙しいと答えることにしているが、定義があいまいで真偽は定かではない。件数的には東京時代の2倍以上の件数処理となっているが、今のところ東京のころ経験した徹夜をしないと間に合わないなどということはないし、そのころのように分刻みで時間を追うことも滅多にない。他面、純粋に事件処理をしている時間はといえば東京時代よりも長いと思う。弁護士との交流的な活動の時間もほとんどなければ裁判所等との往復にかける時間もないから、

事務所にいる時間が長くなった。また、自分が忙しいのが好きかどうかも重要に思う。私は忙しいのは嫌いなほうで忙しさを感じさせる都会の生活は苦手であったし、これ以上あれこれやるのは大変だと思うから忙しいと答えるのかもしれない。

なお、実際に来てみて他の弁護士との交流は東京のときと比べて激減しているが、今は不満はない。どうしてもというときは所属会はもちろん支援委員会もあり、孤独という感じは全くない。必要な情報も例えば書籍等は東京の書店に依頼して2日程度で届けてもらうこともでき、ほとんど差し支えはない。インターネット等通信関係が発展していることも大きい。

開設からまもなく2年が経つ。開設のときは、いくつかの業者から「はまなす基金法律事務所」と呼ばれたが、最近はそのようなことはなくなり、「河邊弁護士の事務所ですか」と言われることが多くなった。少しずつ定着してきたと思いたい。

## 3 網走での生活ぶり

ところで、結局、網走へ来てどうなのかといえば、これまた難しい質問となるが、概して快適な生活と言っておこう。

この執筆中の2003年10月上旬、網走市内でも紅葉が盛りを迎えたころだが、同時に白鳥が飛来し始めるころで、気温は日中も15度はない日が増えてきて朝方は10度以下となり、山地での初冠雪のニュースも流れる。冬があっというまに近づく。秋から冬の時期はとても寒くなっていくと感じる。9月下旬からストーブも使い始める。戸外の大きな灯油タンクとつながったストーブが当たり前というのは知らなかった。2002年1月上旬、厳冬期の網走での生活が始まってから今回で3回目の冬を迎えることとなるが、2年程度でも相当に道東の低い気温にもなれてきたと感じ、2002年は夏の一時期を除いて寒い思いをしたのに2003年はそれほどでもなかった。しかしやはりこれから来る冬を想像すると緊張する。

正確ではないがだいたい厳冬期の1月から2月ころまで夜はマイナス10度程度で日中もプラスになることはあまりない。流氷が接岸する間は流氷が冷気を送り込み時にはマイナス15度程度になる。赴任時の2002年の冬は歩いてすぐに耳がちぎれるように痛くなるのに困った。道はもちろん凍っていて滑る。相当回数転んだ。特に歩道は道路のように除雪をしないからとても歩きにくい。夏なら歩いて2分程度だった商店がとても遠く感じた。その後気が付いたが冬はこちらの人たちはほとんど外を歩かない。薄着のまま玄関からすぐに車に乗り込み行き先の建物の中にさっと入る。建物の中は温度が高く快適であり厳冬期に「半袖でビールを飲む」というのもあながち冗談ではないほど。もっとも、網走は海岸の町でオホーツク海のおかげで気温はどちらかというと安定している。網走から道内の内陸へ移るに従い、冬はもっと寒く夏はもっと暑くなる。

　雪は早いと10月下旬、通常は11月上旬ころから降り始め、1月ころはほとんど毎晩数センチから10センチ程度の雪が降る。サラサラした雪で傘などをさす人はいない。服についたものは払えば落ちる。雪というよりもまさに氷の粒だ。サラサラしているので吹きさらしと吹きだまりとでかなり積もり方が変わる。かなり雪が降ったはずなのに風が強いと気象台の記録はゼロに近かったりする。

　こちらでは、11月後半ころから畑での農作業はなくなり、冬は土木工事、建築工事もなくなり、流氷が来ると漁もできなくなる。こうして冬は全体として産業活動は低下する。12月から4月ころまで仕事がないという人も多数いる。

　厳冬期があるから道東は美しい地方なのである。冬の寒さに耐えていると春が近づくのがとてもうれしくなる。4月、5月の新緑は格別に美しい。夏は東京からすると避暑地にいるような感覚だろうか。ちなみに網走方面は日本でも日照率がとても高い地域であり、梅雨もなく夏も雨は少ないほうでカラッとしている。

　道東での生活必需品の一つに自動車がある。私は10年ほどペーパードラ

イバーであった。東京では全く自動車を保有する必要を感じなかったし、心情としてもたいした必要もないのにわざわざ油を使って排ガスを出しながら移動する装置を保有するのは気がひけた。しかし、こちらではそうはいかない。冬は歩けないからとにかく車がないとだめだ。夏だって自分の都合に合わせて1時間程度移動するとなるとどうしても専用の自動車があったほうが良い。ちなみに、釧路地方裁判所網走支部の管内の面積は、2,500平方キロメートル以上あり、東京都より大きく千葉県の半分程度ある。しかし、人口は8万1000人程度であり、人口密度でいえば、管内人口の半分を占める網走市ですら全国の市の中で650位前後で私が勤務していた立川市の隣の東京都国立市の100分の1程度である。大げさにいえば人と会うには移動が必要なのだ。こういうわけで網走に来るにあたり最も不安だったのは車の運転、特に冬季の運転であった。しかし、今では休日はちょっとドライブというのも日課に近いレジャーとなった。1時間程度で知床半島へ入ることができる。静寂で清浄な森は知床ならではだ。道東で手つかずの自然が残っているところはもはやわずかであり、知床半島と阿寒湖、屈斜路湖周辺はその一部だ。網走の湖畔を通り過ぎて田園地帯を抜け美しい森林を走って1時間ほどで至る藻琴山は、頂上付近へいけば屈斜路湖を眼下に見下ろし知床へ連なる山々が広大な森の向こうに見える絶景ポイントだ。そこからちょっと足を伸ばすと摩周周辺や阿寒周辺に至る。このあたりは春夏秋冬どの季節もすばらしい。また、富良野あたりの風景は有名だが、網走女満別あたりの風景も決して負けてはいない。丘陵の人工的な直線曲線と緑と光の織りなす風景はいつまで見ていても飽きない。

　さて、3年の公設事務所の任期が来たらどうしたものか、迷うところだ。

（釧路弁護士会所属）

〔追記〕
　その後、引き続き網走に定着することとし、2004（平成16）年12月末、区切り良く任期を1カ月残して公設事務所所長の契約（弁護士会とのもの）

を終了させていただき、2005（平成17）1月から、河邊法律事務所へと名称変更及び所在地変更をし（これにより「網走ひまわり基金法律事務所」の設置のためのひまわり基金活動は目的を達成して終了となった）、現在に至る。

　しかしまた、エリアに弁護士事務所1カ所のみ（ゼロは脱したがワンにすぎない）という弁護士過疎状況解消のため、釧路弁護士会と協議のうえ網走市内に2番目となる新たな公設事務所を誘致することとし（弁護士会と現地の弁護士が積極的にならないと実現しない）、2006（平成18）5月には網走に二つ目の事務所が開設した。事件・相談は若干減少したが予定どおりであり、忙しい状況はたいして変わりはない。

　網走に来てまもなく満6年になるが、これまで弁護士過疎解消の一助となってきたと思うし、今後も弁護士少数エリアでの一人として責任の大きさに応えていく必要があることには変わりない。

◎事務所へのアクセス
・JR北海道釧網本線桂台駅から徒歩約5分
・JR北海道釧網本線網走駅から、網走バス株式会社東京農大行バス、南高前または台町3丁目下車（約15分）
・JR北海道釧網本線網走駅から車で約10分
・女満別空港から車で約30分

鳥取県倉吉市
# 倉吉ひまわり基金法律事務所

佐野泰弘 Sano Yasuhiro

# 生まれたところを少し離れて

## 弁護士1年目にしての開業

所在地：〒6820−0816　鳥取県倉吉市駄経寺町2-18オフィスK201
電話：0858-22-0511
創立年月：2003年（平成15年）3月
弁護士数：2名
事務職員数：5名
営業日：月〜金
営業時間：午前9時〜午後5時30分
法律相談の事前予約の要否：必要
裁判所管轄：鳥取地方裁判所倉吉支部
2006（平成18）年3月任期満了により、くらよし佐野法律事務所と改称し、定着した。

（2007年9月末現在）

## 1 はじめに

　倉吉ひまわり基金法律事務所は、全国で15番目、中国地方では2番目に開設された公設事務所である。鳥取県は全国で最も人口が少なく、面積も7番目に小さい。倉吉市はその鳥取県のほぼ中央に位置するが、高速道路も整備されておらず、業務で鳥取市や米子市へ出かける際も車で1時間少々かかる。市内中心部を通っていた国鉄倉吉線は約20年前に廃線となっていることもあり、日ごろの生活も業務も自動車なくしては成り立たない状況にある。2002年12月に購入した車の走行距離は、1年もたたないうちに2万5,000キロメートルを超えた。

　自然環境は申し分ない。倉吉の道にはゴミ一つ落ちておらず、大変きれいな町並みである。鳥取県中部は温泉の宝庫であり、車で10分も走れば、三朝、関金、はわい、東郷といった温泉に入り放題である。また、車で30分も走れば、蒜山や大山の大自然を満喫することができる。鳥取県を東西に貫く国道9号線を走ると、昼間は穏やかであったり荒れていたりと表情豊かな日本海を目にすることができ、夜には沖合いに浮かぶ漁火が幻想的である。そして、山陰の空は大変澄んでおり、夜は本当に暗く、水や空気は確実においしい。大阪出身の私には夢のような環境である。

## 2 鳥取県での新規登録

　私は、2002年10月に司法修習を終え、鳥取県弁護士会に登録し、米子市内の事務所の勤務弁護士として弁護士生活のスタートを切った。同年12月に公設事務所弁護士に応募し、2003年1月に倉吉ひまわり基金法律事務所の初代所長に選定され、同年3月20日に開所、同月24日から業務を開始した。

　私は、大阪府高槻市の出身であり、米子市に移る前には3年半ほど大阪市内に居住していた。そして、鳥取県には血縁や地縁が全くなかった。そん

な私が、何故に鳥取県での弁護士登録を考えたのか。この点に触れてみたい。

　私がイメージする弁護士という職業は、単純ながら困っている人を助けるというものである。都会では弁護士がどんどん増え、困っている人を助ける弁護士も多いのに対し、地方では困っている人を助ける弁護士が長らく不足していた。だから、地方で仕事をすれば、より多くの困っている人を助けられ、自分のイメージする弁護士に近づけると考えた。

　また、自分の信念に基づいて仕事をしたくて法曹を目指してきたものであり、弁護士になる以上、最終的には独立開業したいと考えていた。

　このように考えるうち、最終的には弁護士過疎地域で独立開業することを目指そうという思いが固まった。

　ただ、弁護士としての最初のスタートをどこで切るかについては、後期修習に入ってもまだ迷っていた。

　いろいろと考えるうち、公設事務所というものがあることを思い出した。公設事務所の弁護士に応募し選定されれば、弁護士過疎地において開業することになる。調べてみると、公設事務所に派遣する弁護士を養成する供給型協力事務所というものがあることが分かった。そこで、このような協力事務所に就職し、経験を積んで公設事務所に赴任することが自分にとっての理想への近道ではないかと思い、事務所訪問を経て、米子市の協力事務所に就職することにした。

　なお、この時、地元大阪や東京の協力事務所への就職は考えなかった。大阪修習だったことから早く地方の実情を見てみたかったし、一生同じところに住んでいてもつまらない、一度きりの人生、知らない町で暮らしてみるのも楽しそうだと思ったからである。

　では、なぜ、鳥取県だったかというと、小学生のときに父親に買ってもらった本に載っていた国鉄倉吉線の蒸気機関車の写真が妙に印象に残っていたこと、高校時代に初めて山陰に旅行し、以来何度か訪れて少し寂しげではあるが素朴な風景が残っていたこの地に好印象を抱いていたこと、私と妻の出身地がともに大阪であり、その気になれば3時間で帰ることのできる距離

だということで周囲を説得しやすかったということ等が挙げられる。

　しかし、決め手となったのは、県全体で弁護士が不足している中、弁護士倍増を高らかに宣言して弁護士を増やそうと努力している鳥取県弁護士会の姿勢であり、こういう単位会であれば、私でも入り込みやすいと思ったことである。地方での弁護士活動に興味をもつ者がいても、縁故や機会がなければなかなか最初の一歩を踏み出せないのではなかろうか。会を挙げて弁護士を歓迎するとの意思表示は、私のような者にとって渡りに船であった。

　なお、鳥取県での新規登録を決断したとき、私には妻と子どもがいたが、妻が面白そうだと大賛成してくれたことも、鳥取県での登録を決意するうえで有効な一打となった。やはり、ここで反対されていれば、今の自分はなかったと思う。

### 3　公設事務所弁護士に応募するまで

　ただ、実際、米子市に移住してイソ弁として勤務を始めてからも、自分自身としては十分な経験を積んでから弁護士過疎地で開業したいという気持ちが強かった。しかし、日ごろから60キロ離れた県中部から米子市まで相

談・依頼のために訪れる方が少なくなく、鳥取県中部の弁護士はまだまだ不足しているという現状を痛感するに至った。そもそも、県全体で20数名の弁護士しかいないのである。しかも、倉吉の公設事務所弁護士は私がまだ修習生であった時からずっと募集しており、鳥取県も赴任する弁護士に200万円の奨励金を支給するという支援を決めていたにもかかわらず、なかなか決まらずにいた。これではいけないのではないか。まずは、誰かが赴任して倉吉に公設事務所を開設し、市民の司法サービスへのアクセスを具体的に改善することが大切ではないか、との思いを強くするようになった。

　そこで、2か月ほど仕事をした2002年12月、倉吉には若手の弁護士がおらず、この地で若手でしかできないような仕事をしたいと考え、応募することにした。その結果、2003年1月下旬に無事に選定され、結果的に、私は、55期の司法修習を終えてから半年も経ないうちに公設事務所弁護士となることになった。

　現在では供給型A協力事務所[*]に就職した新人弁護士には1年間の研修が行われるというシステムが構築されているが、私はその研修も終えないうちに赴任したことになる。しかし、どれだけ経験を積んでも絶対に安心ということはないだろうし、むしろ小回りの利く元気な若手だからこそ鳥取県中部の司法サービスへのアクセス状況の改善に貢献できることも多いだろうし、何よりも自分が行くことで今後中部に若手弁護士が増えるきっかけを作りたいとの思いがあった。思い切った決断であったが、間違いではなかったと思っている。

　　＊弁護士過疎地で活動することを希望する新人弁護士を雇用して、実務経験を積ませたうえで、弁護士過疎地に送り出し、かつ、弁護士過疎地での業務を支援する協力事務所。

## 4　実際に赴任してみて

　赴任するまでは、弁護士1年目にしての開業でもあり、果たして採算が取れるのか、きちんと業務を行っていけるのか、正直言って心配なことが多

かった。

　しかし、開所から相談・依頼は途切れることなく、この8か月ほどの間に、事務所と法律相談センター倉吉において合計312件の相談（うち88件はクレサラ相談）を受け、クレサラを除く一般民事事件については28件受任した。刑事については48回当番弁護士として出動し、8件私選弁護を引き受け、6件の国選弁護人に選任された。この間の売上は約2,400万円となっている。赴任前の悩みは杞憂に終わったといってよいのではなかろうか。事務局の方も、開所当初は事務員1名体制でスタートしたが、現在は3名（うちパート1名）の体制となっている。

　事件数については、公設事務所としては多いものではないが、倉吉には私を含め4名の弁護士がいることからすれば、少ないこともないだろう。

　事件の種類については、民事ではやはりクレサラ問題が大半を占め、このほかには、離婚、相続、ヤミ金融、不当請求をめぐる問題が多い。

　ヤミ金融に関しては、借入先を失った多重債務者が手を出して、親族関係者の自宅・勤務先に脅迫めいた取立の電話がかかるようになり、身内で大騒ぎとなった末に訪れる相談者が毎月必ず存在する。昨（2003）年と比べればヤミ金融も幾分下火にはなってきているが、完全に撲滅することはなかなか難しいようである。最近は、以前にも別の弁護士に相談してヤミ金融からの借入を整理したが、また手を出してどうしようもなくなり当事務所を訪れる方もいる。その場合、ヤミ金融だけに対処しても、多重債務を整理しないことにはまたヤミ金融に手を出す契機を残すことになるので、多重債務の整理も含めて受任するなどしている。

　クレサラ事件に関しては着手金等の準備が困難な方も少なくないが、分割での受任のほか、法律扶助制度の利用を積極的に依頼者に勧めたり、貸金業者に対する不当利得返還請求やヤミ金融に対する預金債権仮差押の手続を先行させていくらかの金銭を取り戻したうえで、本来の整理を行うというケースをとることも少なくない。

　ただ、鳥取県中部では、これまで弁護士過疎状態が長く続いてきたためか、

司法書士にクレサラ問題の処理を依頼する方が多い。いや、クレサラ問題に限らず、司法書士の関与する事件は結構多いように思う。その意味で、当事務所ができたからといって鳥取地方裁判所倉吉支部における自己破産申立事件が急増したというようなことはない。ただ、公設事務所の弁護士としては、事件の処理にあたり、弁護士に頼んで良かったと依頼者に思ってもらえるように、代理人として丁寧かつ依頼者の立場に配慮した処理を心がけている。

　刑事については、倉吉地区には私を含め4名の弁護士がいるため、国選事件の数は他の公設事務所よりも少ないものと思われる。しかし、当番弁護士として出動し、そのまま私選での受任に至るケースが、全出動件数の約1割を占めている。当番弁護士の出動先は、市内の倉吉警察署と約20キロメートル離れた八橋警察署がほとんどを占め、出動要請があれば随時接見に赴く形をとっている。

　鳥取地方裁判所倉吉支部は合議事件及び少年事件を取り扱わないことから、地元で捜査段階から受任しても、公判・審判は鳥取市の本庁でとなるケースも少なくない。また、休日当番の場合には、約60キロメートル離れた米子や鳥取の警察署まで赴くこともある。その場合、被疑者から求められてもなかなか受任することが難しく、県全体でまだまだ弁護士が不足しているとの実感を強くする。

　このほか、弁護士会の人権擁護委員会、子どもの権利委員会、民事介入暴力対策委員会、法律相談センター委員会等の委員になっており、委員会には法律相談センター倉吉のテレビ会議システムを利用して参加している。鳥取県弁護士会は会員数の少なさから各会員の多重会務状態が継続しており、公設事務所弁護士についてもこの点は同じである。

　また、1か月に2度、法律相談センター倉吉での法律相談を担当し、2か月に1度、米子の社会福祉協議会での法律相談も担当している。

　このように、弁護士として成長していかなければならない私にとって様々な経験を積むことのできる機会に大変恵まれており、鳥取県弁護士会で登録して良かった、倉吉に赴任して間違いなかったと思っている。

## 5　おわりに

　2002年10月に弁護士になってからこの1年余りで私の生活は大きく変化した。公設事務所というシステムがなければ、弁護士過疎地で独立するということをこんなにも早く実現することはできなかったはずである。その意味では、公設事務所弁護士になることができ、一つの夢を実現できたことは本当に良かったと思うし、自分が赴任したことで市民の皆さんのほんの少しでも役に立てているならば、こんなにうれしいことはない。

　私の任期は3年間であるが、今後のことはまだ自分の中では完全には固められてはいない。今回、思い切って倉吉に来たことにより、知らない土地で仕事をすることの面白さを知ったので、また別の土地を目指そうという気持ちもないわけではない。しかし、この地では、まだまだ弁護士が足りないし、今後の鳥取県中部における弁護士増加のきっかけになればとの思いから倉吉に赴任したこともあり、3年後にこの地を去るわけにもいかないとの気持ちも強い。この辺りは、今後仕事をしていく中でじっくり考えたい。

　思えば、開設からこれまでのわずかな間にも、いろいろなことがあった。開設から1か月ほど経ったころ、体調を崩して不覚にも入院したことがあった。弁護士としても駆け出し状態であったうえに、新たに公設事務所弁護士として周囲の期待に応えつつ、経営にも責任を負わなければならなくなり、慣れないことの連続で、気付かないうちに精神的重圧がかかっていたのかもしれない。

　しかし、周囲の方々に支えられ、相談に来られた方から「相談に来て良かった」との声をかけていただくたびに、公設事務所に赴任してみて良かったとの思いを強くする。言わば、お客さんから元気をもらって業務を続けているような感じである。これからも、鳥取県中部の優れた環境の中に身を置き業務に励み、市民の司法サービスに対する需要にしっかりと応えていきたいと考えている。

倉吉ひまわり基金法律事務所

そして、日ごろの生活をもう少し楽しめればと思っている。

(鳥取県弁護士会所属)

〔追記〕

　私は、2006(平成18)年3月に公設事務所の3年の任期を満了し、この地に定着した。定着を決めたのは、私の任期中に鳥取県中部地域の弁護士数は1名も増えず、私が定着することで今後の弁護士増加に繋げたいとの思いからであった。定着後の新事務所名は、公設事務所赴任時の思いを忘れず、今後も倉吉市をはじめとする鳥取県中部地域の市民の皆さまの司法アクセス改善のために活動を続けていくとの思いを込めて、「くらよし佐野法律事務所」に決めた。

　定着後の私の思いは、それほど時間を要することなく実現した。一つは、2006年11月の日本司法支援センターによる法テラス倉吉法律事務所の開設である。これにより当地域の弁護士が1名増加した。もう一つは、2007年(平成19)年9月に当地域の弁護士が一挙に4名増加したことである。その内の1名は、当事務所が供給型A協力事務所として採用した、公設事務所への赴任を目指す現60期の司法修習を終了した新人弁護士である。これにより、当地域の弁護士数は、私が倉吉ひまわり基金法律事務所の所長弁護士として赴任した時の4名から8名へと倍増し、県内3地域の中でも最も早い弁護士倍増計画の達成と相成った。ちなみに、ここ1年間で当地域の弁護士は倍増したが、今のところ当事務所の事件数や売上げが減ったということは基本的にない。担い手が増えた分、国選弁護や当番弁護の件数が減ったことくらいであろうか。

　今後も、この地で私の事務所を必要とする市民の方がいる限り、弁護士として活動を続けたいと思う。

◎事務所へのアクセス
・鳥取空港からJR倉吉駅まで：空港連絡バスで約45分
・JR大阪駅からJR倉吉駅まで：特急スーパーはくと号で約3時間

・JR倉吉駅から日本交通バス・日ノ丸バス：倉吉パークスクエア方面行、合同庁舎前停留所下車（所用時間約10分）徒歩約2分
・生田車庫から日ノ丸バス：円谷経由三朝町役場・穴鴨方面行き、駄経寺東停留所下車（所用時間約17分）徒歩約1分
・岡山空港から車（自家用車）で約1時間45分

長崎県島原市
# 島原ひまわり基金法律事務所

初代所長　金　昌宏　Kon Masahiro

## 「あなたを呼ぶ声」が本当に聞こえた

地縁も血縁もない地

所在地：〒855-0044　長崎県島原市中町851大手ビル3F
電話：0957-65-0460
創立年月：2003年（平成15年）2月
現在の所長：八木義明（2代目）
任期：2003（平成15）年2月創立～2006（平成18）年1月
弁護士数：1名
事務職員数：2名
営業日：月～金
営業時間：午前9時～午後6時
法律相談の事前予約の要否：必要
裁判所管轄：長崎地方裁判所島原支部
（2006年9月末現在）

## 1　雲仙普賢岳の噴火災害とそれ以前の歴史の重み

　私は、事務所見学にきた方々に、「雲仙復興記念館（がまだすドーム）」と平成新山をすぐ目の前に望める「まゆやまロード」の2カ所の見学を必ず勧めています。1990年以降この地域の人々が雲仙普賢岳の噴火、火砕流、土石流災害によりどれほど苦労し、そこからどのようにして立ち直ってきたのか、その際に、全国からの支援がどんなに地元住民を勇気づけたのかが一番良くわかる場所だからです。1991年6月初旬の大火砕流発生当時、私は東京杉並の安アパートでこのニュースを食い入るように見ていました。マスコミが危険区域に入り込んで取材を続けたために地元の消防団員等に犠牲者が出たということにものすごい憤りを覚えたからです。普段は地方になんか一切目を向けないくせにこういうときだけ特ダネをとろうとして地元住民に迷惑をかける報道機関のエゴが許せませんでした。

　島原半島の試練は今回に限ったものではありません。1637年の島原の乱の際には、幕府軍により約3万7,000人の島原天草連合軍が壊滅させられました。島原半島の南半分の住民は皆殺しにされたといわれています。当時の城主（松倉氏）が、年貢の石高を幕府に過大申告し、立派すぎる城を築き領民を酷使し、実際の石高の何倍もの年貢を強制的に納めさせようとしたため、領民が耐えきれず立ち上がったのがこの乱の始まりです。キリスト教徒による反乱であることがことさらに吹聴されたのは後の世の政治的な配慮があったからと言われています。雲仙の温泉地獄には熱湯をかけられてキリスト者が殉死した場所が今でも残っています。島原半島南端の口之津港は長崎港の1年前に開港されポルトガルなどとのいわゆる南蛮貿易の拠点となって繁栄したところです。キリスト教の教会によるセミナリオと呼ばれる学校が日本で最初に設立されたのも島原半島です。天正遣欧使節としてローマ法王に謁見した少年の一人もこの学校を卒業しています。

　そんな先進文化が育まれた島原半島にキリスト教迫害の嵐が吹き荒れたことをとても厳粛な気持ちで受け止めています。島原天草連合軍が最後に立て

こもった原城跡からはいまでも当時の戦死者の遺骨の一部が発掘されるそうです。幕府軍は城のお堀に戦死者をそのまま投げ込み城の跡形もなくすような戦後処理をしました。その後、瀬戸内海の小豆島の人々を中心に強制的に島原半島に移住させられた方々がその後の半島の復興を担ったそうです（生産量全国2位と有名な島原そうめんもこのときに島原半島に技術が持ち込まれたとの説が有力です）。

さらに、1792年には、雲仙の目の前にそびえる眉山の斜面の半分以上が崩落し、島原の町が一夜のうちに消えました。島原で1万人、対岸の熊本で5,000人の死者がでました。

その後、明治以降には、島原半島（島原港、口之津港）は、対岸の福岡県の大牟田港から運び出される三井三池炭坑産出の石炭運搬の中継基地として大発展したそうですが、石炭産業の衰退とともにその重要性は低下していきました。

## 2 管内人口16万人

現在、島原市は人口約4万人、半島全体では約16万人です。高校サッカーの名門国見高校も島原半島にあります。基幹産業は農業で、若者の就職先が見あたらず高校を卒業すると福岡や大阪、東京等へ就職、進学するので若者の流出が止まりません。さらに1990年以降の普賢岳災害によって数千人の住民が島原半島から外に移転してしまったのではないかとのことです。

長崎地家裁の支部（支部長1名常駐）と簡易裁判所（出張裁判官がほかに1名）が約16万人の人口を抱える半島全域の管轄裁判所となっていますが、これまで弁護士ゼロ地域でした。とはいっても長崎からは車で1時間半、島原鉄道等で2時間の距離ですので、長崎の弁護士に全く相談できない距離ではありませんでした。公設事務所開設以前から長崎県弁護士会は週に一度法律相談センターを開設し近隣市町村住民の法的ニーズに寄与していたのです。公設事務所開設後も法律相談センターとの二段構えの体制を継続

雲仙普賢岳

していただいており、とても助かっています。

## 3 地方に目を向けるきっかけ……「ある路上生活者との出会い」

　私は宮城県北部（登米郡石越町）という人口6,000人強の町で生まれ育ち、大学進学後は東京で暮らしていたため、九州には一歩も足をふみいれたことがありませんでした。地縁も血縁もありません。しかし、今では前述のような重みのある歴史を抱え、温泉が四方八方に点在し、有明海や対岸の天草も見渡せる風光明媚な島原半島の地にすっかり魅了されています。

　1998年に東京弁護士会で弁護士登録し、多忙な勤務弁護士生活をしていた私は、たまたま当番弁護（殺人未遂被疑事件）で、ある路上生活者と出会いました。初老の小柄の男性で青森の農家の末っ子だという彼は、日本が高度経済成長へと向かっていた時代に「金の卵」ともてはやされ、中学卒業後に集団就職で上京してきたとのことで、「若いころには○○の橋を架ける作業現場で働いた」とか、「○○の高層ビルの現場でも働いた」といったこと

を誇らしげに話してくれました。

　日本列島改造論に沸き立ち日本中の護岸がコンクリートで埋め尽くされ、都会のインフラが整備されていた時代に、間違いなく彼らのような肉体労働者は貴重な戦力として日本の発展を縁の下から支えていたはずです。私は、地道に黙々と働く彼の姿を思い描きながら、目の前の彼に対して敬意と親近感を覚えました。

　若いころにはその肉体を駆使しいろんな仕事を成し遂げつつ、他方で酒や遊びといった豪放磊落な生活をしてきた彼も、年老いて肉体的にも弱くなった後は、日雇人夫の仕事をしながら山谷に流れ着き、上野公園や隅田川の段ボールハウスでの生活を余儀なくされていったそうです。山谷や上野の路上生活者には、こういう地方（特に北東北）出身者は珍しくありません。

　彼は、「今の自分を親族は相手にしてくれないはずだ」と言い張っていました。ところが、起訴後しばらくして、彼の姪が「小さいころにかわいがってくれたおじさんに差し入れをして欲しい」と近親者を通して連絡してきたのです。彼の姪は末期ガンに侵されていて、死の床から彼への思いを伝え、その数日後息をひきとってしまったそうです。そのことを彼に告げるや彼は号泣しました。それまで見たこともない少年のような素直な表情で、あたり構わず声をあげぽろぽろと涙を流して泣いていました。彼は「刑を終えたら実家に帰って姪の墓前に花を供えます。もう一度やり直してみます」とつぶやくのがやっとでした。

　私は、かつてもてはやされた「金の卵」たちが年老いて健康を害した後は田舎にも帰れず都会の片隅で明日の命の保証もなくひっそりと生活しているのを目の当たりにして無性に寂しい気持ちになりました。東北の寒村で育った私には、彼の人生は決して他人事とは思えません。バブル崩壊後、日本中が経済的にも行き詰まったわけですが、そのしわ寄せはいつの時代も、地方にむけられることが多いのです。地方が活性化し、働き口があれば彼も田舎で暮らしていたかもしれません。疲弊している「地方」のために、何か役にたてないだろうかという漠然とした考えがむくむくと頭をもたげてきました。

原城一揆まつり

　ちょうどそのころ、日弁連が「あなたを呼ぶ声がきこえますか」という公設事務所赴任を呼びかけるシンポジウムを開催していました。「あなたを呼ぶ声」が、私には本当に聞こえたような気がしたのです。

## 4　田舎特有のしがらみ、息苦しさ

　田舎が好きなら、出身地に戻ればいいだろうとよく言われます。しかし、人口6,000人強の町で育った私にとって友人、知人のために働こうとすると、同時に他の恩人を相手方にしなければならないリスクが常につきまといます。「おまえは親の代からの恩人を訴えるのか」といった事実上のプレッシャーは日常茶飯事です。弱者のために動こうとすると必ず地域の有力者が現れてきたりします。教師や議員や農協の理事などといった社会的権力者とは、どこかで必ず利害関係があるのが狭い田舎の常です。

　また、全く知らない第三者になら、債務整理の方法として「この場合、破産するしかないですね」と淡泊かつ冷静な法的助言ができます。しかし、知人・友人から「保険の外交員やめたら食っていけない。破産なんてできない。

友達だったらお金を貸すぐらいの協力をしてくれてもいいだろう」と詰め寄られるのが田舎の濃密すぎる人間関係です。

とてもじゃないけど自分の出身地では働けない事情がこのあたりにあります。

「ほかの田舎に自分が行くから、自分の出身地にはお願いだから誰か行ってくれ」というのが偽らざる心境です。島原半島からも多くの優秀な弁護士の方が出ておられます。その先生方も私と同じ思いで出身地を離れて仕事をしておられるのだと思います。

この点、私の出身地のすぐ近く？の岩手の遠野公設事務所に、沖縄出身の神木篤弁護士が赴任され、同じく岩手の北上公設事務所に東京出身の安部洋平弁護士が赴任されたことは私にとってはとてもありがたいことでした。地縁も血縁もない2名の弁護士が私の出身地域の近くにとびこんでくれたのだから、そのお礼に私も出身地とは離れた場所に飛び込もうという気持ちになりました。

## 5　公設弁護士「流動化」と人材交流による活性化

定着型公設事務所は弁護士過疎解消のための一つの方法にすぎません。もちろん公設事務所で仕事をしてその地が気にいって定着するのは個人の自由です。しかし、制度としては、「任期が来たら任地を離れ、もとの事務所に戻ったり、再度他の任地に赴く」ということを今後は当たり前のことと受け止める必要があると思います。「転々型公設事務所」を提唱している遠野の神木弁護士の発想（私も大賛成です）に眉をひそめるようなことがあってはならないと考えます。

一つの単位会に他の単位会で経験を積んだ弁護士が出入りすることはその単位会にとっても新鮮な刺激になると思います。また、その土地に利害関係のない弁護士にアクセスできるということは地域住民にとって重要なことであることも現在肌で実感しています（市町村役場や学校、農協など地域の社

会的権力に対し不満をもっている相談者は少なくありません)。

　赴任希望者については温かく迎え入れ、帰任希望者も温かく送り出しその後も交流を続け、気が向いたら再度の赴任も歓迎する、といった柔軟で鷹揚な懐の深い制度ができあがることを期待しますし、そのような制度設計になるように私自身も直接間接になんらかの寄与ができればと考えております。

　この点、名古屋弁護士会有志の立ち上げた法科大学院生に対する奨学生制度は奨学生2名のうち1名は中部管内の過疎地へ、他の1名は他の地域の過疎地へ赴任せよ、というきわめて地域的限定色の緩やかな人材育成システムでとても共感がもてます。他地域からみていても応援したくなる制度です。九州でも現在奨学生制度の導入が検討されているようですが、そこでは九州の法科大学院卒業生は九州の過疎地にいくことが前提とされているようです。今後も九州地域に他地域からの過疎地赴任弁護士を要請するのであれば、九州で育てた人材の一部（1名でも2名でも良いと思うのですが……）を他地域に派遣することに前向きであってほしいと考えます。

## 6　取扱事件の近況など

### 1　民事事件

　2003年2月〜12月までに事務所内で受けた民事法律相談は238件でこのうち約7割については訴状、調停申立書、内容証明、破産申立といった書類を作成したり、なんらかの形で弁護士がアフターフォローをしなければならない事案でした。郡部への巡回法律相談でも約100件の相談を受けましたが、こちらはすべてをフォローすることは困難で緊急性の高い案件のみ受任する形で処理しました。今後は、巡回相談時にその場で調停申立書を手書きで書いたり、遺言書の条項案を書いて公証役場と連絡をとってあげたりなどよりきめの細かいフォローができないか検討中です。郡部の農村・漁村では日中相談に来られる方は高齢者であるため「一人で裁判所までいって調停申立書を書いて申し立てる」ことのできる相談者は余り多くありません。時間が

許す範囲でフォローしていきたいと思っています。

　2003年の暮れも押し迫った12月26日の午後、94歳の女性を公証役場まで事務所の車で送迎し遺言を作成しました。作成直後の正月にこの女性は骨折して入院を余儀なくされたとのことであり作成していなければ大変なことになったと肝を冷やした次第です。高齢者の遺言作成は緊急を要することが少なくないし、田舎では、弁護士が段取り設定など、汗をかかなければならない領域の一つではないかと考えています。

　高齢者がらみでは、痴呆ぎみの老父母の財産を子どもたちが無断で領得する「親の財産先取り案件」も頻繁に発生しています。父母名義の土地でも無断で売買・移転登記がなされているケースも多々おめにかかりました。刑事告訴、成年後見申立及び審判前の保全措置を活用しながら高齢者の財産をいかに守っていくかも今後の課題です。

　また、田舎の人は人がよいのか「名義貸し」や、悪徳商法被害も頻発しています。私自身、消費者契約法、特定商取引法などの自己研鑽が常時必要と考えています。この点、長崎県弁護士会は消費者センター相談員や若手弁護士に対する定期的研修を行っており、私も参加していますが、レベルも高く大変参考になっています。

## 2　刑事事件

　上記期間内に要請があった当番弁護は14件で、国選事件は2003年4月から12月までで22件でした。軽微な財産犯、道交法違反関係の事件が圧倒的に多いです。田舎では飲酒運転に対する規範意識が完全に麻痺しているとしか思えない人種が一定数存在しています。交通三悪に対しては検事よりも厳しい被告人質問をして本人の反省を促しています。高齢者による交通事故も頻発しています。

## 3　収支など

　事務所開設後11カ月の収入が2,886万6,409円（うち日弁連開設援助金が

500万円)、支出が1,420万708円、と弥生会計がはじき出しています。

## 7 執務環境

　事務員2名（ほかに青色専従者1名）の体制です。島原市役所の近隣のビルの3階に20坪の執務室（所長スペース、事務局スペース、相談室スペース）と10坪の書庫兼スタッフルームを備えました（家賃20万円、2台分の駐車料1万2,000円）。

　事務員2名に対し1カ月間の事前研修を長崎県弁護士会所属の森本弁護士のもとで実施していただいたおかげでスムーズに執務がスタートできました（なお、長崎県弁護士会は会員約70名の小規模単位会であるにもかかわらず弁護士過疎地の会員の弁護士会費は免除という破格な待遇で公設事務所の運営を支えてくれていることは特筆に値します）。破産手続の運用など東京とは異なるシステムに私自身がなれるまでに若干の時間を要しましたが、その後は、事務員主導で押し寄せてくるサラ金事案に対応することができました。2003年は、やみ金との格闘も多々ありました（寿司の配達などの弁護士業務妨害など）が、やみ金規制法施行後は目に見える形で被害相談が激減しています。

　開設直後は、島原の地裁に出すべき控訴状を誤って福岡高裁へ郵送してしまうなど事務局にも混乱がありました（「宛名と違う場所に書面を出す」ということは私には常識でも事務員にとっては相当の違和感があったようです。法曹界だけの特殊なやり方であり、もっと細心の注意をしておくべきだったと反省しています。幸い、時間的余裕をもっての控訴状提出だったため事なきをえました。なお、当該控訴事件は苦労が報われ福岡高裁で逆転勝訴したのですが、控訴状が不受理だったらと思うと今でもゾッとします）。

　当地は、弁護士業界からはいわば陸の孤島になるわけですので、パソコンのシステムの充実と書籍類の充実の必要性は極めて高いと感じています。私の場合、長崎、福岡、東京などへの出張が多いため、出張先からも事務所サ

ーバーにリモートアクセスしながら稼働できるようにしています。参考文献の検索には、判例秘書等のDVD検索が必須です。

　新刊書籍情報等は、至誠堂通信や弁護士会館ブックセンター、法務財団のメルマガ等を利用しています。法律関係者の各種メーリングリストにも加入させていただいており、独善的処理に陥らないよう日々鍛錬しているつもりです。さらには、以前所属していた事務所、法友全期会といった所属派閥からも継続的な支援をちょうだいしています。

　地方で深刻な問題でもある「利益相反事案」のチェックのために電話受付段階で事務員がエクセルの検索機能を活用して「相手方からの相談の有無」をその場でチェックしています。10件以上はこれで利益相反を回避できています。

　その他、日弁連や法務財団、九弁連や単位会の研修会にはできるだけ欠かさず参加しています。日々の業務に忙殺されると自分から新たな知識を仕入れようという意欲を失いがちだからです。

　以上のとおり、昔に比べれば、地方と都会との格差はいくらでも是正できると感じています。足りないのは歓楽街とスターバックスくらいです。

## 8　2DKのアパート暮らしから4LDKの快適な生活へ

　今思えば、東京での通勤の際は、満員の地下鉄での通勤ラッシュと、排気ガスといった人間疎外的状況が多々ありました。島原は、事務所まで徒歩で15分、眼下には穏やかな有明海と対岸の熊本が望め、後ろを振り返ると島原城や雲仙普賢岳の勇壮な景観を楽しむこともできます。書面作成に追われ、登山などをして思い切り自然を満喫することはなかなか困難ですが、2週間に1回程度は近場の温泉にひたって英気を養っています。

　2DKのアパート暮らしから、4LDK（屋上付、新築、2台分の駐車場付で、家賃9万円）の恵まれた住環境へと変化し快適な生活です。ちなみに、自

宅の賃料は東京（世田谷）時代の約60％です。

　日本の田舎も捨てたもんじゃありません。今後は、地理的にも近い、沖縄、東南アジアなどにも出かけていきたいと思っています。

　　　　　　　　　（当時、長崎県弁護士会所属。現在、旭川弁護士会所属）


〔追記〕

　現在、日本最北端で弁護士数も非常に少ない旭川弁護士会において活動しております。裁判員裁判、労働審判制度、破産管財事件、民事執行事件等が本庁に集約され、支部裁判所で実施されなくなる傾向に対して、司法・行政サービスの低下の不安を感じる今日この頃です。

> ◎事務所へのアクセス
> ・JR諫早駅より島原駅まで約1時間10分（島原鉄道利用）
> ・長崎市中央部より、車で約1時間半
> ・福岡市中央部より、車で約3時間（高速道路利用の場合）

熊本県人吉市
## 人吉・球磨ひまわり基金法律事務所

蓑田啓悟 Minoda Keigo

# 湯けむりと霧の街で過ごした2年
毎日が「刺激的」だった

所在地：〒868-0072　熊本県人吉市西間下町132-1　第2サンマリーンビル2F
電話：0966-28-3744
創立年月：2002年（平成14年）4月
弁護士数：1名
事務職員数：4名
営業日：月〜金
営業時間：午前9時〜午後5時
法律相談の事前予約の要否：必要
裁判所管轄：熊本地方裁判所人吉支部
2004年4月、みのだ法律事務所と改称した。

（2007年9月末現在）

# 1 「九州の小京都」

　2002年4月に開設された人吉・球磨ひまわり基金法律事務所弁護士の任期は2年間である。私の任期は2004年の3月で終わっているはずなので、多分、ここで述べることが活字になるころには私はただの一地方の弁護士になっていると思う。そういうわけでこれから述べることは、私の公設事務所弁護士としての回顧録ということになる。

　開設当初、人吉・球磨ひまわり基金法律事務所は、全国で8番目、九州では石垣に次ぎ2番目に開設された公設事務所だった。

　事務所がある人吉市は、熊本県と宮崎県・鹿児島県との県境に位置する盆地である。周囲は九州山地の山々に囲まれており、盆地の中央を、日本三大急流のひとつ、球磨川が流れている。晩秋、朝の冷え込みが厳しくなると、霧が発生する。朝夕の寒暖の差が激しいのがお茶の栽培にはいいらしく、製茶業もさかんである。農業もさかんで栗や桃・梨その他様々な果物、野菜がたくさん取れる。

　また、球磨川にはいくつもの支流があり、その中には近年問題になった川辺川もある。水は清く、恵みは豊富で、鮎やヤマメ・ニジマス、鰻などが取れる。

　歴史的には、鎌倉時代に地頭として赴任してきた相良氏の治世が明治維新まで約700年続いており、名所旧跡が多い。

　市内には人吉城跡をはじめ、安土桃山時代の風格を残す阿蘇青井神社があり、郡部には行基が開いたとされる薬師寺や青蓮寺という名刹古刹、面白いところでは鍋島の化け猫騒動を彷彿とさせる狛犬が猫で作られた猫寺などがある。

　さらに、当地は古くからの温泉地で知られていて、温泉は市内随所にある。ちょっとした銭湯まですべて温泉である。このこともあって、近時、手近な観光地としても注目を集めており、「九州の小京都」のひとつに数えられている。霧に煙る人吉城跡の景観などは美しく、まさに「九州の小京都」の名

にふさわしい。

　このような景観が当地に数多く残っているのは、険阻な九州山地がこの地域を外敵の侵入から守っていたからであるが、当然入りにくい場所からは出にくいのであり、かつては交通手段は球磨川沿いの国道と鉄道くらいしかなかった。熊本市内からだと、急行列車で約2時間、車だと八代市から球磨川沿いの国道を約3時間かけてやってくるほかなかったのである（現在は九州自動車道も通り、福岡市までは約2時間30分ほど、熊本市・鹿児島市でも約1時間30分ほどで行けるようになっている）。

　このような状況であるから、当地でも、他の公設事務所の場合と同様、交通手段としての車は不可欠であり、2年前新車で購入した車の走行距離は既に5万キロを超えている。

　人吉市はこのようなところであるが、当事務所は、というと市街地からやや離れた、裁判所から歩いて約15分、車で5分くらいのやや離れた場所にある。30坪弱の事務所は2階建ての建物の2階奥で、現在、弁護士1名と2名の事務員兼秘書で事件処理に当たっている。

　建前上の執務時間は朝の九時から夕方の五時半までで、私の出勤は大体朝の八時半ころである。土日は一応休みということになっている。

　依頼は多く、いつもばたばたしていて、気がつくといつも夕方になっている、といった感じである。事務員兼秘書の二名も絶対忙しいはずであるが、ぐちひとつ言わずに働いてくれている。

　お陰で、当事務所の経営は今のところ順調で昨年の売り上げも3,000万円を超え、運営費でひまわり基金のお世話にならずにすんでいる。

　事件の内訳について少し具体的な話をすると、去年の法律相談の件数は約400件（再相談を含む）、受任件数は約180件である。

　多分大半の公設事務所がそうであるように、受任する事件のうち、最も多いのがクレ・サラ関係の事件で全体の約六割がこの種の事件だ。

　刑事事件は、13件で11件が国選事件、うち2件は私選事件である。私選事件は起訴前に受任した案件で、何とか示談が成立し、2件とも不起訴に

朝霧にけむる人吉城跡

してもらうことができた。

　当番弁護については、人吉の案件を担当弁護士からの依頼でやるようになっている。見方によれば、毎日、当番弁護士ということになるが、出動は七件とやや少ない。

　これは熊本の先生方が私に気を遣ってくれて、よほどのことがない限り、遠方でも自ら接見に行かれていることが多いからではないかと思う。

## 2　私が当地に赴いた理由

　私の父は公務員で、父の転勤の関係で各地を転々とし、7歳の時に両親の出身地である当地にやってきた。

　当時、民放のチャンネルが少なかったことを大変不満に思っていたことや、新入りの私に同じ年ごろの子が大変親切にしてくれたことをよく覚えている。

　祖母の家が今は廃村になった渓谷の中にあったのであるが、そこでは、春

先には、川べりの竹を切って枝を落とし、川虫を捕まえて釣りをした。夏は同級生と一緒に川で泳いだり、魚採りに興じた。

また、秋口になると山から下りてくるたくさんの赤とんぼを追った。風呂は表にあって、薪焚きの五右衛門風呂に入ると遠くに細く立ちのぼる人家の煙が見えた。冬は、風呂を焚いた後残った炭で焼き芋をして食べるのがなにより楽しみであった。

幼少の折のこのような体験は今でも私の心に強く残っている。

その後、私は、地元の高校を卒業し、福岡の大学に進学した。司法試験に合格するまでは福岡に住んだ。

しかし、田舎暮らしに慣れた私にとって、都会の暮らしは、やはり私の根っこの部分で肌に合わないものであった。修習地を熊本としたのもそのためだと思う。

その後、修習を終えた私は、最初、慣れ親しんだ福岡県で弁護士登録した。

しかし、やはり、根っこの部分が田舎の少年だった私は、いずれは当地で弁護士活動をしたいと漠然と考えるようになった。

独り身で比較的自由がきいた私は、登録1年後、機会を得て、何とか熊本に戻ってきた。

両親も喜んでくれ、兄弟も両親の近くに私がいることを歓迎してくれた。

熊本県弁護士会への登録換えにも修習中お世話になった先生が協力して下さり、特にトラブルもなく、すんなりいった。その後、私は、縁あって、当時人吉の公設事務所の立ち上げをご担当だった田中俊夫先生のもとで半年間お世話になった。

田中俊夫先生のもとでいろいろ勉強させていただいた結果、2002年4月に何とか当事務所の開設にこぎ着けたのである。

現在、新人弁護士には協力事務所での1年程度の研修等があるが、私の場合は、1年ほどの経験はあったものの、過疎地に赴く弁護士としては、その半分の研修期間で赴任ということになったわけである。

## 3 開設してから

　私が幼いころから知っていた人吉・球磨地域は、争いのない平和な地域であった。だから、正直に言えば、この地で開業しても弁護士は食べていけないのではないか、と思っていた。つまり、事務所は開いてみたものの相談や依頼がまったくないため、弁護士は生活していけないのではないかと思っていた。私にとっての弁護士過疎地域とは弁護士が食べていけないところ、というイメージであった。

　しかし、開設してみると、開設5か月ほどで事務所の収入は1,500万円を超え、運営費の援助は要らなくなった。

　徐々に減少すると思われた相談や依頼も一向に減ることはなく、経営の不安は一掃された。

　事務局の方も当初は1名で始めたが、すぐにもう1名採用しなければならなくなった。

　私は、当事務所開設後まもなく、私が弁護士過疎地域に持っていたイメージが、まったくの誤解であったことに気づかされたのである。

　当事務所の状況はこのとおりであるが、事件処理に当たっているうちに気づいたことがあるのでいくつか紹介する。

　当事務所の依頼は、法律相談からの受任がほとんどなのであるが、法律相談について言うと、肝心の本人が来ないで、家族の者だけで相談に来るケースも多い。本人よりも身内の方が心配して本人より先にまず相談に来るのである。

　遺産分割の相談などは、長男が両親の財産をすべて相続することに他の相続人が異を唱えるといった、背景に旧民法下の家父長制を引きずっているものも多かった。

　多重債務の相談でも、奥さんがご主人の手渡す生活費でやりくりできず、サラ金に手を出し、借金が膨らんで相談に来られるケースや、家族全員が破産状態にあるのに、世帯主には負債がない、というようなケースもあった。

できるだけ家父長については傷をつけないようにしようという家族の配慮なのだろう。

　このような案件については、家父長制など日本の古い習慣を引きずりながら、現代社会のルールとも向かい合って生きるといった地方特有の事情が感じられる。

　また、受任事件の中には司法過疎の問題を背景にしているものや、昨今の不況を反映しているもの、などもある。

　例えば、地場・東京〇三に限らず、とにかくこの地域はヤミ金が多かった。金利も10日に1割、3割、10割など様々であった。

　また、地元の個人の無登録業者も大変多かった。司法過疎地域では悪質な業者の跳梁跋扈が目立つとの報告を聞いたことがあるが、当地もそうであった。法的な対抗手段を持たない地方の市民は、彼らにとって格好の標的だったのであろう。

　開設当初、一番驚いたのは破産の受任通知をもらってから取立に回る業者がいたことである（しかも金利は1,000％以上である）。

　また、取引履歴の開示にまったく応じない日掛け業者もいた。のらりくらりとした対応に腹が立ったので、私の慰謝料請求ということで訴訟を起こした。貸付先が主婦だったので出資法違反になる旨やんわり言うと、社長が出てきて謝罪をした。そのため、金融庁事務ガイドラインの遵守を約束させて和解をするということもあった。

　また、東京〇三のヤミ金融も開設当初は横行しており、職場への厳しい電話攻勢で失業を余儀なくされた人もいた。

　さらに、東京〇三のヤミ金融業者は、破産者に対しても連絡をしてくる。今は有名になった空貸しも当時からよく聞いた。

　ほかにも債権回収業者をかたり、手紙を送りつける業者や、いわゆるお悔やみ電報を送りつけてくる業者も多かった。

　債務整理ということで受任をし、電話で通知をした。中には無言電話を30回ほどしてくる業者もあったが、その都度電話に出て、丁寧に電話対応

したところ、そのようなこともなくなった。

　また、ある時は、窓口に来た相談者が、「業者が私に親戚中を回って金を作ってくるよう言って、しかも私の車の後ろにくっついてくる。いくら何でもこれはよくないんじゃないか、と思い、先生のところに相談に来た。」と言うので階下を見ると、そこには確かに業者が待っている。怒鳴りつけるとともに、金融庁事務ガイドライン違反であることを説明し、帰ってもらうこともあった。

　また、ある時は、ある者から言葉巧みに日掛け金融の保証人にされた若者数人が事務所前で待っていて、「主債務者が逃げてしまい、追い込みをかけられているので助けて欲しい。」と事務所に駆け込んでくることなどもあった。

　この時などは、相談者を金融業者の関係者と勘違いし、どこかのヤミ金業者の恨みを買い、袋だたきにされるのか、どこかに連れて行かれるのか、と内心びくびくしながら対応したものである。

　事件屋も多く、事件屋に高額な費用を請求され、びっくりして当事務所に相談に来られるといった人もいた。

　開設当初は、毎日がこんな調子で「刺激的」という言葉がぴったりだった。

　しかし、開設当初、頻繁に起こったこのような状況については最近昔ほど耳にはしなくなってきた（もっとも架空請求や弁護士名をかたる債権回収業者の相談は依然多く、ヤミ金融は形を変えて存続しているとみる余地もあると思う）。

　最近の沈静化している状況をみると、悪質な事案の予防という観点からは、弁護士は、ただ各地域にいるだけでもその地域における法の支配の実現に貢献できるのではないか、と思うことがある。悪質な業者ほど弁護士がどのような存在なのか分かっているからである。これは、おそらく都市部で尽力される先生方のお陰なのであろう。

　しかし、反面、弁護士がいない地域では、業者サイドからすると、通常弁護士がとりうるような法的措置をとられる可能性はないといえるだろう。

人吉・球磨ひまわり基金法律事務所

当然、業者はしたいほうだいのことをやるだろうが、被害者は、警察や市役所等を訪ねた挙げ句、泣き寝入りを余儀なくされてしまう。
　弁護士のいない地域でヤミ金融の被害が多いという報告を聞いたことがあるが、これは前述の想像が、杞憂でなく、まさに現実であることを示していると思う。
　したがって、一刻も早く全国津々浦々にひまわりの花を咲かすことは極めて重要なことなのである。
　もっとも、弁護士がいれば何とかなるという問題ばかりではない。
　背景に昨今の不況が垣間見えるものについてはどうにもならない。無力感にさいなまれることもしばしばである。
　例えば、商売を始めたが、客になかなか支払ってもらえず、売り掛けが増大し、資金繰りに窮し、相談に来る人もいるし、商売物が売れないので、値段を安くし、生活できなくなった人などの相談も多い。
　借金からくる離婚の相談も多い。その他の事情を原因とする離婚の相談もあるが、これも背景に多重債務を原因とする生活苦や家族の崩壊があるような気がする。
　刑事事件についても、同様である。
　生活苦からの建造物侵入・窃盗が結構多い。興味本位や理由なき犯罪というのは、この地域では無縁である。
　もともと純朴な人も多く、社会内更生の余地は多分にあるのであるが、長引く景気の低迷が、彼らから就業の機会を奪い、更生の足を引っ張っている。
　付近には八代市という人吉市より大きな街もあるが、罰金を払えず、労役場留置になる者はこの地域の方が多いそうだ。
　このような状況は何も当地だけではないと思うが、県庁所在地を除く周辺地域における地域経済の実情はまさに目を覆わんばかりである。
　弁護士業務を通じて、このような事件の背景に触れるたびに、1日も早い景気の回復が望まれる。

## 4　地元の食材を肴に球磨焼酎飲む

　自宅については実家が近隣にあるのでそこから車で事務所に通っている。通勤時間は約15分程度である。自家菜園の野菜が毎日食卓に上るため、一人暮らしの時より随分体調が良くなった気がする。

　休日の午前中は大体付近をジョギングしている。5キロ程度走り、汗をかくと、近所の温泉に行く。場合によっては奥球磨の方に足を伸ばして、温泉をはしごする。値段は400円である。場所によっては無料でタオルを出してくれる。

　特に湯前町がやっている「湯楽里」という温泉や球磨村にある「かわせみ」はお気に入りで、露天風呂から眺める山並みの景観は最高である。

　湯山温泉の元湯という温泉も良い。人吉の温泉は鉄分が多いらしく、湯ノ花が赤く染まっているが、ここのは真っ白である。お湯はなめらかで湯冷めをしない。

　時間があるときは山を越えて宮崎に行く。

　宮崎県に入るとすぐ、えびの高原がある。音楽を聴きながらドライブする。ドライブコースとしては、えびのから霧島神社の方に抜ける赤松林に囲まれたコースがお勧めである。特に夏は高原を渡る風が肌に心地よい。

　おいしい食べ物もある。熊本名産の馬刺・辛子蓮根等は言うまでもなく、鮎の塩焼きや鯉こく・鰻の蒲焼きもおいしい。雉料理、猪料理、鹿刺しなど山の幸も豊富である。

　もちろん春には、たけのこ、わらび、ぜんまい、なども取れる。

　なぜかラーメンやぎょうざのおいしい店もある。ラーメンは豚骨スープでお椀の中に生のにんにくがごろっと1個隠れているものである。思ったよりもあっさりしていて、疲れた時食べると元気が出る。ぎょうざは、野菜がたっぷりで、皮は向こうが透けるほど薄い。食感が軽いのでいくらでも食べられる。

　また、ご承知のとおり当地は全国的にも有名な球磨焼酎の産地である。た

くさんの醸造元が人吉盆地に分散しており、それぞれ個性のある焼酎を作って競い合っている。各醸造元の焼酎を一堂に揃えている店や見学をさせてくれる醸造元もあるので、そこで飲み比べをするのも楽しい。地元の食材との相性も最高で、これを肴に飲み出すと、なかなか止まらない。

## 5　おわりに

　開設以来あわただしく過ごしているうちに2年が過ぎた。
　開設当初感じたことは地域の人と弁護士の認識にかなりのずれがあるということであった。「人吉に弁護士がいてくれて助かった。」と言っていただくこともある反面、「なぜ今まで人吉に法律事務所がなかったのか不思議でならない。」と言われた相談者もいる。
　この地域の拠点である人吉市に市民の生活に不可欠な法的サービスを提供する窓口のないことについて違和感を感じている市民も多かったのだろう。
　市民の意識も、今まで弁護士がいなかった場所に弁護士を派遣してもらったという意識ではなく、どの地域に生活していようと十分な司法サービスを受けられるのは当然であるというように変わってきているように思われる。
　私自身の意識も、弁護士のいなかった地域で仕事をしてあげるという意識から、地方で地域の人と共に生きるという意識に変わっていったように思われる。
　この2年間で、私の中で一番変わったのがこの点だろう。公設事務所弁護士としての活動で得た一番の財産だったのではないだろうか。
　なお、私個人の今後の身の振り方であるが、私は、任期終了後、当地で個人事務所を開業し、引き続き弁護士業務に取り組むことにした。人吉の風土と人の気質、緩やかな時間の流れは、やはり私の体質に合っているようである。
　都会に対する未練がないわけではないが、もう体のリズムが都会の時間の流れを受けつけないだろう。これからは都会にはたまに遊びに行くだけにし

たい。

　なお、私の所属する熊本県弁護士会では、人吉市のほか、天草の本渡市、阿蘇の一の宮町など6カ所で新たな公設事務所の開設を目指し、準備中である。すべての地域に公設事務所が開設されれば、人吉支部管内と本渡支部管内はゼロワン地域ではなくなり、他の支部管内もゼロ地域ではなくなる。

　また、私も、公設事務所弁護士としての任期は終了するが、新しく来られる先生方のために、今後とも地方での窓口として当地で少しでもお役に立ちたいと思う。

　私のつたない経験が、先生方のお役に立つなら幸いである。

（熊本弁護士会所属）

〔追記〕

　当事務所は、任期終了後、「みのだ法律事務所」と改称した。私は、現在も、当時と同じ場所で弁護士業務を行っている。

　設立当時、公設事務所は九州では2つしかなかったが、その後、たくさんの公設事務所が設立され、さらに法テラス4号事務所も設立された。問題意識を同じくする仲間が少しずつ増えてきている。いずれも若く熱意のある弁護士だ。

　現在、私たちは、そんな仲間と時々各地で交流会を持っている。年に数回開かれる各地の交流会は、私の密かな楽しみである。交流会などを通じて、各地の先生のご活躍を聞くたびに、この運動にかかわって良かったと感じている。

　今後も、各地に咲いたひまわりの花が、実を付け、種を落とし、津々浦々に広がっていくことをの望んでやまない。

---

◎**事務所へのアクセス**
　・JR人吉駅から徒歩で15分、車で5分
　・九州産交バス田町バス停下車徒歩5分
　・鹿児島空港から高速道路を利用して人吉IC経由で車で約1時間

青森県五所川原市
# 五所川原ひまわり基金法律事務所

花田勝彦 Hanada Katsuhiko

# 立佞多（たちねぷた）の見える事務所から

Uターン型の公設事務所弁護士

所在地：〒037－00052　青森県五所川原市東町17-5五所川原商工会館４階
電話：0173-38-1511
創立年月：2002年（平成14年）１月
弁護士数：４名
事務職員数：10名
営業日：月～金
営業時間：午前９時～午後６時
法律相談の事前予約の要否：必要
裁判所管轄：青森地方裁判所五所川支部
2005年１月、さくら総合法律事務所と改称した。

（2007年11月２日現在）

## 1　津軽半島のほぼ中央部に位置する五所川原市

　青森県五所川原（ごしょがわら）市は、青森県の北西部、津軽半島のほぼ中央部に位置し、青森市まで約30キロ、弘前市まで約25キロの距離にあります。

　市内の人口は約5万人ですが、青森地方裁判所五所川原支部が管轄する北津軽郡と西津軽郡を合わせると、管内人口は約18万人です。

　1998年に五所川原立佞武多（たちねぷた）祭りが復活し、毎年8月上旬に青森市、弘前市のねぶた、ねぷた祭り、八戸市の三社大祭と同時期に行われ、立佞武多運行期間の数日間で100万人を超える観光客が訪れます。立佞武多は高さが20メートルを超える巨大な山車が毎年1台ずつ作成されており、当事務所の目の前にねぶた小屋が設置されるのですが、五階建てのビルよりも高く、圧巻です。

　五所川原市は、私が公設事務所弁護士として赴任するまでの約25年間、いわゆるゼロ弁地帯であったということです。

　青森地裁五所川原支部は、常駐の裁判官はいない（簡易裁判所判事が1名）のですが、青森地裁本庁から2人の裁判官が週2回ずつ填補されているため、開廷日は週4日です。2003年の新受件数は、一般民事（いわゆるワ事件）が88件、破産申立が395件、刑事が20件ということです。

## 2　当事務所の概要

　当事務所は、2002年1月30日に、全国で7番目に設置された公設事務所です。

　五所川原駅のすぐ横に1998年に建てられた五所川原商工会館の4階に、約27坪の一室を借りて、私と事務局2名でスタートしましたが、現在は事務局が5名、弁護士としては2003年10月から、56期の堺啓輔弁護士を迎えて、7名体制で業務を行っています。

五所川原ひまわり基金法律事務所

事件数でこの2年間を振り返ってみますと、2002年1年間の相談件数（受任件数を含む）は707件でした。2003年は587件、いずれも当番弁護士を除いた件数です（当番弁護士は2002年34件、2003年38件です）。

受任事件数は2年間の総数で788件、そのうち既済件数は438件でした。

2003年1年間に限ってみますと、受任件数は480件、うち既済が125件です。現在の受任事件数は350件であり、内訳が一般民事（交通事故、商事事件含む）72件、家事16件、刑事2件、債務整理260件です。破産申立件数は150件あり、五所川原支部へ109件、弘前支部へ40件、青森地裁本庁へは1件でした。再生申立も18件（個人再生15、通常再生3）ありました。

一般民事のうち、一定数は債務整理に伴う個別訴訟ですので、受任事件の8割が債務整理事件という現状です。2003年は、特に、個人事業主や会社の破産、再生がかなり増えたという印象です。

この傾向は2004年になっても続いており、長引く不況の影響を強く感じるところです。

## 3 公設事務所弁護士に応募するに至った経緯

私は、五所川原市の隣町である鶴田町に生まれ育ち、高校卒業まで当地におりましたので、いわばUターン型の公設事務所弁護士ということになります。

司法試験を志したときから、いつかは、生まれ故郷へ戻って、地域のために何か役に立ちたい、と漠然とした思いがありました。

1998年に司法修習を修了し、都内の武藤綜合法律事務所に勤務弁護士としてお世話になったのが、私の弁護士としてのスタートでした。同事務所で約4年間勤務し、一般民事をはじめとした、さまざまな事件処理を経験させていただきました。

ひまわり基金については、設立当初から話を聞いていたのですが、当時は、まだ、私自身が独立して、公設事務所弁護士になるとまでは考えておりませ

立佞武多

んでした。

　その後、青森県弁護士会が五所川原、十和田、むつの各市に、公設事務所の誘致決議をしたという話を聞いたため、ちょうどそのころ、自分としてもそろそろ独立したいと考えていた時期と重なり、五所川原が自分の生まれた町の隣だったということや、開設費用をひまわり基金が援助してくれる（これは大変助かりました。）ということもあって、先に述べたように、いつかは地元へ帰って弁護士として仕事をしたい、という夢を実現するいい機会だと考え、思い切って応募したものです。

　私の強みは、出身地であり、地元の人の言葉と気質が分かっていることでした。津軽弁を聞き取ることは、最初は難しいようです（現に堺弁護士は、事件処理だけでなく、依頼者の話す言葉の真意を理解することに苦労しています）。津軽地方の中でも、西北五地区の方言は、独特のものがあり、高齢

の依頼者の意図することを理解するのは当地に生まれ育った人でないと最初はとまどうことがあるのかもしれません。

　また、離婚訴訟などで、相手方が当事者本人ということも少なくなく、和解になったときに、裁判官を通じて聞いた相手方の意向と、対席して直接聞いた相手方の意図のニュアンスが違っていた、ということもありました。

　話を戻しますが、私が公設事務所弁護士に応募するに当たって、家族の協力を得られたことは大変ありがたいことでした。妻は金沢出身で、いずれは青森に帰るかもしれないという話はしていたものの、いざそれが現実のものとなると、最初はとまどいもあったようでしたが、最終的には快く賛成してくれました。子どもたちはまだ上の子が幼稚園の年少だったため、雪遊びができるということが楽しみだったようでした。

　当地に来て2年が過ぎましたが、どうにか家族（子どもたちの順応性は早いですが、妻も含めて）もこちらでの生活に慣れてきたようです。

　このように、私は、故郷に戻って、定着するためにひまわり基金を利用させていただいた公設事務所弁護士ということになりますが、このようなパターンは公設事務所弁護士としてはむしろ少数派のようです。

　おそらく、自分の生まれ故郷に戻って仕事をしてもよい、とお考えの弁護士の方は潜在的には一定数いるのではないかと思います。仕事の内容は、都会でも、弁護士過疎地域でも、それほど本質的な違いはないと思います。にもかかわらず、弁護士が地方に少ないのは、実際に事件があるのだろうか、経営が成り立つのだろうか、という不安のほか、ご家族やプライベートな問題（例えば子どもの教育の問題等）が大きいのではないかと感じているところです。弁護士過疎地域に定着することを、弁護士登録をしてから早い段階で決断するというのは、やはりなかなか難しいことではないかと考えています。私自身も、最初から地元へ戻るという選択をしなかったのは、やはり前記のような不安があったからでした。

　そうしますと、今後の公設事務所弁護士は、期限付きで都会に戻る（定着しない）、という形を主流と考えていいのではないかと思っています。

事務所執務風景

　２年ないし３年だったら、田舎暮らしもいいかな、と思われる方は、過疎地に定着しようという方よりもずっと多いことでしょう。
　経済的に成り立つのだということは、既に多くの公設事務所の収支状況で実証済みだと思います。
　今後ますます増えていくであろう公設事務所に、１人でも多くの弁護士の方が着任されることを望んでおります。

## 4　開所後の状況

　開所当初は、県内初の公設事務所ということもあり、マスコミにも取り上げていただいたからでしょうか、開所式翌日から、どこで調べたのか電話が鳴り、予約なしで次々と相談者の方が来所されました。

　津軽人は気が短い、という気質からなのか、弁護士に相談するに当たって、電話で予約をとるという習慣がない（というよりそもそも弁護士がいない）からなのか、朝、事務所に行くと、知らない人がたくさんいた、という状況も最初のころには多々ありました。
　その後、徐々に、電話で予約をとるということが浸透してきたようで、現在は電話なしで突然来所される依頼者の方はそれほど多くなくなりました。

五所川原ひまわり基金法律事務所

最初の相談が電話をいただいてから約1か月待ち、という点（これは開所後、半年くらいたってから現在まで続いている状況です。）については、やはり依頼者の方からすれば、長すぎる、というご不満をいただいております。私としては、1か月待ちという状態は早く解消したいと思っているのですが（3月現在では、ようやく3、4週間待ち）、受任事件数350件という状態では、新件を受任することを抑えざるを得ない、しかも、それは、事件の内容で受任するかどうかを区別するというのではなく、一律、最初の電話で1か月待ちだと対応しないといけないのではないかと思っております。
　同じ建物の2階に西北五法律相談センターがある（毎週火曜日に5名の相談を受け付けています）ため、センターに回す事件も月間10件以上はあるのですが、逆にセンターに相談したという方が、受任して欲しいと依頼してくるケースもあります。センターには、主に青森市、弘前市の弁護士が交代で来られていますが、相談はできても、受任まではなかなかできないというのが実情のようです。
　先にも述べたとおり、事件の内容としては、当事務所も他の公設事務所と同様に、債務整理に関する事件が多数を占めております。債務整理事件の特徴は、事務局が担当する業務の割合が高いということだと思います。しかし、公設事務所を開設するに当たって採用する事務員は、経験のない人がほとんどです。当事務所も法律事務に関しては未経験者でした。
　現在では、最初に採用した事務局2名は2年を経過し、徐々に安心できる状況になりつつあるのですが、軌道に乗るまでは、事務局の教育を日々の業務の中にどのようにして組み込むのか、もしくは開所前にどのような研修を行うか、という点は、極めて大事な問題だろうと思っております。
　私の場合、開所式が1月30日で、業務開始は2月12日からと発表していたのですが、結局、押し寄せる依頼者の波に飲み込まれるように、開所式直後から業務を行わざるを得ない状況になりました。そのため、業務開始前に十分な事務局の研修ができませんでした。
　今後、全国の公設事務所ないしは協力事務所において、事務局研修のため

のネットワークができるとよいのではないかと感じるところです。

　事件の多数が債務整理に関するものだと申し上げましたが、その他の事件についてみれば、一般民事、刑事、家事等、バラエティーに富んだ事件があるという印象です。

　当地に来てまもなく、裁判所から総会検査役をやってくれないか、という依頼があり、慌てて商法を読み直したことがありましたし、家事事件にかかわることですが、人身保護請求（子の引渡）を申し立てたこともありました。当地らしい事件といえば、りんご箱の売買契約を巡って、その品質が問題となった損害賠償の少額訴訟や、農地の引渡を求めた農事調停を行ったこともありました。

　概して、一般民事、家事の分野については、多種多様であり、その都度勉強しながら、新たな事件に取り組む、という意味では、都会も過疎地も変わるところがないと感じております。

　刑事事件については、最初の年は当番、国選とも、あまりの多さに驚きました。合議事件がないため、大事件はあまりないのですが、年間40件の国選事件を担当するということは、非常にしんどいものでした。当番弁護についても、現在は２人体制ですので、１週交代ですが、堺弁護士が来るまでは、「当番」ではなく、「常時」でしたので、これも大変でした（不思議と忙しいときに入ってくるものです）。ただし、昨年からは、身柄事件がすべて弘前支部に起訴される扱いとなったようで、国選事件の数は前年の半数程度に減少し、今はなんとか処理できているという状況です。

　弁護士過疎地域では、利益相反のチェックを敏感に行わなければなりません。私も、事件の受付票に相手方の氏名を記載してもらった上で、データ入力をしたり、最初の電話で相手方の氏名を確認する等して初期の段階で利益相反の有無をチェックするようにしているのですが、見過ごしていたケースもありました。

　傷害を受けた被害者が、加害者に対して損害賠償を請求したいという相談を受けました。刑事事件の捜査中だったということもあり、継続相談として

いたのですが、その後、自己破産の相談に訪れたのがその加害者だったというものでした。その翌日、被害者からの電話で判明したため、加害者の自己破産は他の弁護士にお願いしたのですが、一見して分からない利益相反もあるということを痛感した次第です。

当事務所では、債務整理の相談についての電話をいただいた時点で、事務局が負債総額、収入等について聞き取りをするためのチェックシートを使って、まずは概要を聞くようにしています。もちろん、個々の事案ごとに特別な事情はあるものですが、最大限マニュアル化して、事務の効率を高めるよう工夫をしています。破産事件については、破産申立に至る経緯は、事務局がノートパソコンを持ち込んで、直接入力しながら事情聴取します。

すべての事件について、担当事務局を決め、事務局が自分の担当事件として、主体性を持って仕事ができるようにしているつもりです。

ただ、目下の一番の悩みは、着手金分割の依頼者の入金をどのように管理するのかという点です。事件管理簿のデータベース（ファイルメーカーというソフトを使用）に、個々の依頼者ごとの入金状況を毎月担当事務局が入力しているのですが、入金が遅れた依頼者に対してどのように対応するのか、非常に難しい問題だと思います。

着手金を一括で準備できるような多重債務者は稀であり、必然的に分割払いとなるのですが、約束を守らない依頼者も決して少なくありません。ただ、それにはやむを得ない事情があるという場合もあります。依頼者から連絡をいただければまだよいのですが、依頼者も入金が遅れたため、都合が悪くなって連絡をしづらくなる、こちらは事情が分からないまま、多数の事件処理に追われて、連絡ができず、数か月が経過する……というケースも多いのが現実です。

開所当初から、きちんとしたデータベースを作っていればよかったのですが、1年くらいたった後にその必要性を感じたため、過去に遡って入力を始めて、まだシステムができあがっていないという状況です。この点については、他の先生方がどのように工夫をしていらっしゃるのか、何か機会があ

りましたら、教えていただきたいところです。

　私が公設事務所として赴任した当初、最大の悩みは、「近くに弁護士がいない」、ということでした。つまり、話し相手がいないということです。東京にいたときには、同期や友人、先輩、後輩の弁護士と意見交換をする機会が頻繁にありました。無意識のうちに、弁護士業務を行っていく上で蓄積するストレスを発散できていたのだと思います。

　事件に関する愚痴や、方針に行き詰まったとき、酒を飲みながら話をしているだけで、何となく整理できるという経験は、多くの方がなさっているのではないでしょうか。メーリングリストで事件の方針などの相談はできるのですが、やはり話し相手の不在という事実は、私にとっては大きなストレスとなりました。

　今は堺弁護士がすぐそばにいるため、そのストレスは大幅に軽減されましたが、弁護士過疎地にいる弁護士の知られざる悩みといいうるのではないかと思います。

　あまり知られていない弁護士過疎地の問題点として挙げておきたいことの１つが、調停委員に弁護士がいないということです。実は私自身も調停委員の名簿には入っているのですが、実際に調停委員として活動したことはなく、多くの支部も名簿には記載されていても、実際に活動しているケースは多くないと思います。もちろん、調停委員の先生方が事件処理に尽力されていることも日々感じておりますが、今後は私自身も調停委員の研修等に参加して、よりよい調停事件の解決方法を検討しなければならないのではないかと思っているところです。

　最後に、弁護士過疎地域における地域住民の方々の法律的な知識を向上することは、一朝一夕にできることではないにしても、事件処理を通じてだけでなく、講演等によって、継続的に行っていく必要があると考えているところです。例えば、サラ金から年利29.2％で50万円を借りて、毎月１万3,000円ずつ払っていくとした場合、完済するまでに約10年かかり、返済総額はおよそ150万円になるという事実や、主債務者が自己破産した場合の保

証人の責任、架空請求に対する対処法等、学校では教えてくれない、いわば社会で生きるための知識を一般市民がもち、適切な自己防衛をすることが求められていると思います。そのため、講演の依頼等についてはなるべく積極的に応じるようにし、紛争の予防だけでなく、基本的な法律知識を少しでも広めていきたいと考えているところです。

## 5 「苦しみの中に身を置いてこそ弁護士」を日々かみしめながら

　過疎地で弁護士として業務を行うことを自分が選択した以上、悩み、苦しみながらも、今置かれている状況に正面から向き合って、全力を尽くしていく。私が尊敬する弁護士がおっしゃっていた、「苦しみの中に身を置いてこそ弁護士」という言葉を日々かみしめながら、これからも微力を尽くしていきたいと考えています。

　同じようなことを考えている方々はたくさんいらっしゃると思います。現実を見たいという方がいらっしゃれば、いつでも歓迎します。ここ五所川原には、まだまだ弁護士が足りません。

　私自身も、あらゆる機会を見つけて、現状を発信していきたいと思っていますが、一人でも多くの方に現状をご覧いただき、弁護士として生きる上での選択肢の一つと考えていただければ幸いです。

（青森県弁護士会所属）

〔追記〕

　2006（平成18）年10月に59期の木下晴耕弁護士、2009（平成19）年10月に60期の金田健一郎弁護士を迎え、現在は弁護士4名体制で執務を行っております。

　県内の弁護士も徐々に増加し、60名を超えるまでになりました。五所川原地区には2009（平成19）年11月に待望の「つがるひまわり基金法律事務

所」が開設されることになっています。

　弁護士過疎の状況は徐々に改善されつつあることを実感しておりますが、まだ十分ということではありません。

　弁護士過疎地に赴いて、自分の力を地域の司法サービス向上のために役立てたいという意識をもった弁護士が、一人でも多く着任することを望んでやみません。

　私はこの先も、この地で弁護士業務を続けていくことになりますが、一人でも多くの依頼者の方のために力になれるよう、今後もスタッフ一同精進していきたいと考えております。

◎事務所へのアクセス
・JR五能線・津軽鉄道五所川原駅下車、徒歩1分
・青森空港より車で約45分
・JR青森駅より車で約55分

宮崎県日南市
# 日南ひまわり基金法律事務所

吉川晋平 Yoshikawa Shimpei

## 日南だより……
## 何が変わったか
人生の後半に入っていくステップ

**所在地**：宮崎県日南市中央通り1-5-3
**電話**：0987-22-4161
**創立年月**：2002年（平成14年）8月
**任期**：2002年8月～2005年7月
**現在の所長**：鬼頭洋平
**弁護士数**：1名
**事務職員数**：2名
**営業日**：平日
**営業時間**：午前9時から午後5時まで
**法律相談の事前予約の要否**：必要
**裁判所管轄**：宮崎地方裁判所日南支部
（2007年9月末現在）

◀事務所が入っている建物。2階に事務所がある

## 1 地方小都市の弁護士というもの

　私の自宅は、別荘のような環境にあります。宮崎県日南市の油津港の近く、小高い丘を切り開いた分譲地内の借家に住んでいます。向こう三軒両隣は、売れなかったらしく、空き地。そのために、景色は最高。東西南北、遮るものはなく、日向灘や日南の町並みが、一望のもとに見渡せます。

　自宅から市内最大のショッピングセンターまで徒歩10分。道が2本。海寄りの道を行くと、丘の下に、調停協会会長さんの自宅、続いて、事件関係者（破産・離婚・窃盗の被害者・地元の貸金業者）の家が連なります。山寄りの道も、事件関係者の家が何軒か続きます。顔を合わせないことを願いながら歩きます。スーパーに入れば、どこかで見かけた人。

　ある晩、調停協会の忘年会がありました。酔ってくだを巻いていたら、翌日、妻に私の話した内容が伝わっていました。

　地方小都市の弁護士は、このような濃密な人間関係の中で、生活し仕事をしています。

## 2 日南ってどこ？

　日南市は、九州は宮崎県の南部、宮崎市中心から車で約1時間強、宮崎空港から約50分のところにあります。宮崎地家裁・日南支部と日南簡易裁判所があり、管轄は、県南部の南那珂地方の日南市・串間市・南郷町・北郷町の2市・2町となっています。その行政・経済の中心地が日南市になります。

　日南市の人口が約4万4,600人で、2市・2町で、約8万5,000人です。

　日南市内にはJR日南線の飫肥・日南・油津の3駅があり、町も、大きく分けて、それぞれ特徴のあるこの3つの町から成り立っています。

　飫肥（おび）は、伊東家5万2,000石の城下町で、九州の小京都と呼ばれ、飫肥城や武家屋敷があり、江戸時代のたたずまいが残っています。裁判所は、

ここにあります。

2004年の秋から始まるNHKの朝の連続テレビ小説「わかば」の舞台が、飫肥に決まっています。是非、ご覧下さい。

日南駅地区は吾田と呼ばれ、日南市役所・警察・税務署等の官庁や、王子製紙日南工場があります。工場は、パルプのにおいなのでしょうか、一種独特な、生臭い、生暖かいにおいを町に漂わせています。事務所は、日南駅構内にあります。

油津は、港町・漁師町です。戦前・戦後の一時期、マグロ漁で活況を呈した港で、その面影は、今はさびれた商店街と、小さな飲み屋が軒を連ねる歓楽街に残っています。

日南市から南郷町・串間市と続く海岸線は、日南海岸国定公園に指定されており、宮崎市の青島から堀切峠・鵜戸神宮・大島・南郷の道の駅・野生馬の都井岬と風光明媚な観光地が続き、数十年前、新婚旅行のメッカとなったところです。

産業は、飫肥杉を中心とする林業、極早生みかん・きんかん・完熟マンゴー・スイートピーなどの農業、伊勢海老・近海マグロ・カツオ等の漁業の第一次産業が中心です。南郷町は、遠洋マグロやカツオの漁港として有名で、特に、カツオの水揚げは、日本一だそうです。忘れてならないのは、芋焼酎。日南は、芋焼酎の一大産地。宮崎の芋焼酎の方が、鹿児島の芋焼酎よりも芋臭さが少なく、癖がなく、とても飲みやすい。こちらでは、スナックも居酒屋も、ボトルキープは、芋焼酎。1合・2合と注文できます。

## 3 どうして公設事務所へ

日南に赴任した2002年7月で、57歳。登録が1975年なので弁護士経験27年。2003年還暦を迎えた後、8月に横浜へ戻る予定です。どうして、私のような、中年の弁護士が、公設事務所に行く気になったのか。中年に的を絞って、記します。

飫肥の町並

　弁護士は誰でも、少しでも社会や人の役に立ちたいと考え、この職を選んだのだと思います。私もそうでした。しかしながら、27年間の弁護士としての生活を振り返ってみると、内心忸怩たるものがありました。人生最後のご奉公で、人の役に立てれば、ある程度の達成感や充実感を持って人生の後半に入ることができ、老後を満ち足りた気持ちで暮らせるのではないかと考えたからです。これを、第二の人生を迎える年代の人たちの、人の役に立ちたい症候群と言うのだそうです。

　会社員は、転勤で海外や国内の各地を回ります。また、職務内容も営業とか人事とか、多くの職務を経験します。さらには、役職も、平から課長・部長と階段を上っていきます。数年ごとに、変化があり、刺激を受けます。サラリーマンになった学生時代の友人たちと話していて、いつも、この点を羨ましく感じていました。これに引き換え、弁護士は一度この職に就き、横浜なら横浜で開業すると、一生横浜の弁護士、転勤も仕事の変化もほとんどありません。この変化を求めたかったのです。

　さらに、私も妻もこれから老後を迎えます。今一度環境を変えて、人生や仕事そして老境に入る夫婦の間柄などを見つめ直した上で、人生の後半に入っていくステップにしたかったからです。

**日南ひまわり基金法律事務所**

## 4 目的は達せられたか

　もちろん、十二分に達せられました。ほぼ毎日、数件の法律相談がありますし、事件の受任も多数に上ります。

　2002年8月1日から執務を開始して、2004年4月末日までで、訴訟事件・交渉事件などの受任事件が約80件、自己破産・個人再生・任意整理等の多重債務（相談だけも含みます）が約430件、国選弁護が9件、当番弁護士の出動が33件、これ以外の一般の法律相談が約300件。約850名の人が、法律問題で事務所に来られたということになります。日南支部管内の人口が約8万5,000人ですから、100人に1人が、この事務所の門を叩いたのです。

　この結果だけでも、これまで法的なサービスが受けられなかった人の役に十分立っていることは、間違いないと確信しています。

　横浜弁護士会では、各都市で市民法律講座を開催し、毎年多くの受講者を集めて好評です。日南地区では、これまで、広く市民を対象にした法律講座というものは、ありませんでした。そこで、私自ら日南市に声を掛けて、生涯学習教育の一講座として、法律講座を開講することになりました。5月から、1コマ1.5時間で、5コマの講座を持ちます。定員30名のところ50名の希望者があり、全員に受講してもらうことになりました。

　日南に赴任してから感じていることですが、紛争が生じたときの解決の基準（すなわち法律ですが）と、解決の方法を知らない人が多いように感じます。声の大きい者・力の強い者が勝つという傾向が強いことは否めません。この原因は、長い間弁護士が不在だったためであり、そこに公設事務所開設と存在の意義や価値があると考えます。

　私のささやかな活動で、法の支配が少しでも行き渡ればと願っています。

## 5 何が変わったか……弁護士業務

### 1 仕事の時間

一番変わったのは、事務所に居る時間が極めて長くなったことです。自宅から事務所まで車で5分位なので、朝8時45分ごろには、事務所に来ます。帰るのは、19時半ころ。

横浜時代は、週に何回か、東京地裁や高裁、川崎や小田原や千葉の裁判所に出張。日南では、出向く裁判所は、宮崎地家裁・日南支部で、車で10分位。出張がほとんどありません。宮崎の本庁や他支部へ行くことは、月に1度あるかないか程度です。

横浜での当番弁護士の出動は、例えば、鎌倉警察・川崎警察・青葉警察等々、半日かかり。日南警察は、事務所から徒歩5分。接見室はいつも私のために開いています。

このように、日南では移動の時間がほとんど取られません。1日、事務所に居るというのがほとんどです。このために、これまでの弁護士生活の中で、現在が一番執務時間が長いように感じます。

### 2 仕事の内容

横浜時代は、弁護士3名で事務所を運営していました。業務の内容は、一般民事・家事・刑事事件、破産申立と破産管財、損保の交通事故示談、契約書の作成や相談などの顧問企業の業務、一般の法律相談、がそれぞれ5分の1位ずつでした。

日南では、5～6割が多重債務者の自己破産・個人再生・任意整理など、2～3割が離婚・境界紛争・損害賠償請求等の一般民事・家事事件・当番弁護士等の刑事事件、1～2割が法律相談というところです。弁護士の原点とも言うべき仕事がほとんどです。

日南に来てから、個人再生の勉強を随分しました。消費者問題については、ほとんどゼロから勉強しました。日弁連の消費者問題対策委員会のメーリン

グリストのcamがなければ、途方に暮れていたかもしれません。
　弁護士1年生になって新人に戻って弁護士業務を始めたと言って、過言ではありません。


　3　法律相談のスタイル
　横浜時代は、法律相談の予約者からのキャンセルというのは、ほとんどありませんでした。
　ところが、日南では、キャンセルが結構多い。あらかじめ電話連絡があれば良い方。連絡もなしに来所しない、その後も予約の電話もなく相談に訪れないというケースも多い。2回・3回とキャンセルをしてくる相談者もいます。予約日の変更は2回までと決めていて、3回キャンセルしたときは相談には応じませんと通告すると、必ず、来ます。
　立会人というか付添い人というか、相談者本人以外に、親・兄弟・親戚は言うに及ばず、近所の人等に付いてきてもらう相談者が、非常に多い。「どなたですか」と必ず名前と関係を聞くようにしています。ただし、多重債務の相談者は、一人で来るのがほとんど。やはり、恥ずかしいからでしょうか。
　親が子どもの離婚・借金の相談に来るというのも多い。横浜時代は本人でなければ相談に乗らなかったのですが、日南では相談に乗っています。


　4　多重債務処理の違い
　横浜時代も個人の自己破産や任意整理などの事件を、何十件か担当しました。その当時の処理方法では十分に対処できない特徴が、地方の多重債務処理にはありますので、後学のために、披露します。
　①　家族ぐるみ——妻に借金があれば、ほとんど、夫に借金があります。両親に借金があると、ほとんど、子どもに借金があります。したがって、妻が相談に来れば、必ず、夫や子どもの借金を聞き、家族も同時に処理するように強く勧めます。妻が自己破産で夫が個人再生等々、様々な組み合わせができます。親子3人は言うに及ばず、親子4人の自己破産を受任したこと

もあります。

②　保証人——保証人を取るサラ金があり、相談者の親や兄弟が保証をしているケースが多くあります。この保証も弁護士が介入して解決しなければ、保証人がサラ金に返済すればそのお金を相談者が保証人に返すことは当地では必至なので、実質、本人に高利の借金が残るのと同じことになってしまい、問題が解決したことになりません。そこで、保証人の任意整理も依頼するように勧めます。

③　マイカー——地方では、車がなければ仕事も生活もできません。クレジットで購入している車を、いかにして確保するのか、悩まされます。

④　自宅所有者が多い——住宅ローン利用者で個人再生が可能な債務者は、この手続を選択することになります。ところが、自宅に、地元信金が債務整理資金貸付で、もしくは大手サラ金が数百万円の貸付で、第2順位の抵当権を設定しているがために、個人再生の利用に困難を来すことがあります。大手サラ金の不動産担保への対抗方法については、時々、camで質問や経験談が語られています。

無担保の自宅を有しているが、破産せざるをえない債務者もいます。当地では、自宅と言っても、不動産屋の評価で何十万円とか百数十万円とかの価値のものも多く、その場合は、親戚に買ってもらったりして、自宅を確保します。

あくまでも自宅にこだわる人と、自宅を失っても仕方がないという人との比率は、半々というところでしょうか。

⑤　相続財産を有している人が多い——それも本人は気付いていない。死んだ父親や祖父が所有していた自宅、田畑、山林などが、未分割のまま残っている。債務者本人はそこに住み続けていて特に問題はなかったわけですし、田畑や山林と言っても、評価が数千円で、到底、誰かが買いにくるような代物ではありませんでしたので、父や祖父の名義のまま残っているのです。持分の評価をして20万円を超える不動産は、他の相続人にその持分を買ってもらうことになりますが、この代金を右から左へ容易に出せる親や兄弟もな

かなかいない場合が多いので、苦慮することがあります。

### 5　刑事事件

　国選弁護事件は、宮崎地裁・日南支部の事件を担当。年間5件位で、すべて、在宅の事件。在宅だから裁判所も検察官も執行猶予を当然の前提にしているのだろうと、ある時ふと気付き、そのときから、何か緊張感がなくなりました。しかし、すべての事件で、弁論要旨は提出しています。

　当番弁護士は、月数件。ゴールデンウィーク明けは、現住建造物放火、否認の詐欺、殺人未遂の3件の当番要請があり、扶助事件として、2件を受任しましたので、忙しくなりました。しかし、日南警察は、すぐ近く。留置管理は顔見知りなので、夜6時でも7時でも、嫌な顔もされずに、待たされることもなく接見できます。無駄な時間がなく、どうにかこなせます。起訴されると、裁判は宮崎地裁本庁になりますので、宮崎市内の先生が国選で就くことになり、お役御免になります。

## 6　何が変わったか……私生活

### 1　ゴルフが下手になった

　妻からはかねがね「あなたからゴルフを取ったら何が残るの」と揶揄されていました。横浜の弁護士仲間からは「宮崎にはゴルフをしに行くのだろう。上手くなって帰ってくるのだろう」と痛い所をつかれていました。私は、50歳になったときに、ゴルフが趣味なのだから、一度はシングルプレイヤーになろうと決意し、3年で9になりました。いまでは、16。横浜の弁護士の期待を見事に裏切りました。

　なぜか。ゴルフに一緒に行く仲間がいない。横浜時代は、1人でもゴルフ場に行けば他のメンバーと一緒にプレイできるコースのメンバーでした。日南では、1人ではプレイできません。そのために、回数が半分以下に減りました。また、ゴルフ練習場が少なく、夜遅くまで仕事なので、練習も激

減しました。それで、下手になったのだと、自らを慰めています。

本当のところは、横浜時代は似非シングルであったことと、当地では、ゴルフ以外の趣味や楽しみがたくさんありますので、ゴルフの回数が減ったからというのが、真相です。

なお、日本の弁護士会の中で、宮崎県弁護士会が多分ゴルフが一番上手な弁護士会。会員の中に占めるシングルプレイヤーの率は、日本一だと思います。ちなみに、1割です。

### 2　お酒を飲むのはスナック「我が家」

横浜時代は、週1～2回は、弁護士仲間や友人と夜の巷に繰り出していました。日南に着任してから、その習慣を守ろうと考え、週1回1人で、近くの居酒屋で飲み、事務所建物1階のスナックに通っていました。しかし、どこの店でも私が話すとよそ者とすぐに分かり、他の客からの戸籍調べが始まり、その後、カラオケを強要されます。歌が下手でカラオケ嫌いですので、断ると、付き合いが悪いとかお高くとまっているとの目で見られがちです。それで、段々と、足が遠のいていきました。その代わり、連日、家に帰って妻をスナックママに見立てて、晩酌をしています。日南のスナックママは、ほとんど50代から60代の女性ですので、妻も十分その資格があるわけです。多分、日南に来て、結婚以来、妻との会話が一番多くなったのではないでしょうか。

蛇足ですが、歌が上手でカラオケ大好きであれば、公設事務所の弁護士として成功間違いなしです。カラオケを歌えば、地元にすぐに溶け込めるからです。この点、鹿児島の知覧のN先生と鹿屋のO先生は、その資質を十分にお持ちです。

### 3　旅

3年間日南にいる間に、九州をくまなく旅しようと、月に1回位の割合で、妻とドライブ旅行に出掛けます。宮崎県内は、何回も回りましたし、長

崎・熊本・鹿児島へも足を延ばしました。一般道も高速道も渋滞がなく、快適なドライブが楽しめるのです。ゴールデンウィークは種子島と屋久島を訪ね、感動しました。老後の2人だけの生活の予行練習をしているようなものです。

### 4　趣味

　日南市は生涯学習教育が盛んです。事務所から車でわずか5分のところに体育館・教室・図書館等の複合センター「学びピア」と呼ぶ立派な施設があり、市民のための講座が数多く開講されています。私は、一昨（2002）年はヨガ教室、昨（2003）年は写真教室に通いました。10カ月間写真の勉強をし、現在は、その卒業生などで作っている写真サークルに入って、撮影会や写真の展覧会等に参加しています。妻は、絵手紙、英会話、パソコンなどの教室に通いました。特筆すべきは、すべて無料なことです。互いに、趣味を広げています。

## 7　何が変わったか……弁護士会活動

　私は、横浜弁護士会や日弁連でいくつかの委員会の委員を務めさせていただきました。宮崎県弁護士会でも、複数の委員会委員に選任されました。大した活動はできませんが、宴会を伴う会合には、できるだけ参加しています。公設事務所に赴任した多くの弁護士が発言しているように、弁護士1人ですと、同業者とのワイワイガヤガヤが少ないことが、時に寂しく感じるからです。

　宮崎県弁護士会は素晴らしい会と感嘆しています。会員の会への帰属意識・参加意識が強く、全員で会を盛り立てていこうという心意気が強く感じられますし、実績も大いに上げられています。

　横浜弁護士会という会員数800人弱という大規模会とは異なる、60名という小規模会の違いや良さを体験しています。これだけでも貴重な経験になり

ました。

## 8　最後に

　公設事務所弁護士の仕事ぶりや生活をご理解いただけたでしょうか。これを読まれて、中堅どころの弁護士が一人でも公設事務所弁護士に応募される気持ちになられたらと、心から願っております。
　私の公設事務所赴任を支援・応援して下さった多くの人たちに感謝して、日南ひまわり基金法律事務所からの報告とさせていただきます。

(当時、宮崎県弁護士会所属。現在、横浜弁護士会所属)

◎事務所へのアクセス
　・JR日南駅・駅舎並び
　・JR宮崎駅から日南線で約75分。駅から徒歩30秒
　・宮崎空港から国道220号線を利用して車(自家用車)で約50分

京都府宮津市
## 宮津ひまわり基金法律事務所

由良尚文 Yura Naofumi

# 弁護士過疎から
# 司法過疎の視点へ
### 最高裁も司法過疎解消の取組みを

**所在地**：京都府宮津市鶴賀2054-1宮津商工会議所2階
**電話**：0772-20-1122
**創立年月**：2002（平成14）年10月
**任期**：2002年10月〜2005年10月
**現在の所長**：藤居弘之
**弁護士数**：1名
**事務職員数**：3名
**営業日**：平日
**営業時間**：午前9時から午後5時まで
**法律相談の事前予約の要否**：必要
**裁判所管轄**：京都地方裁判所宮津支部
（2007年9月末現在）

## 1　はじめに

　私は、元京都弁護士会所属51期の弁護士であり、2002（平成14）年10月から京都府宮津市に設置された「宮津ひまわり基金法律事務所」の初代赴任弁護士として宮津に赴任をしました（任期は3年間で2005〔平成17〕年9月まで）。現在は任期を終了して、大阪弁護士会に登録換えをし、大阪市内で事務所を構えています。

　私は、1999（平成11）年4月に弁護士登録して、以後3年6か月間、京都市内の法律事務所（御池総合法律事務所）で勤務弁護士をさせていただき、その後、同じ京都府内の同一所属弁護士会内に設置された公設事務所に赴任しました。もともと京都弁護士会の各弁護士ともなじみ深く、赴任当初から、地元単位会の皆様から様々な支援をしていただいたことには大変幸運でした。

　そのような恵まれた経緯もあって、赴任当初から任期満了まで、京都弁護士会の「会務ニュース」に毎月「北のひまわり」という標題で、合計35回に亘って、丹後の歴史や地元の伝説・昔話などを紹介する連載をさせていただきました。「北のひまわり」と題したのは、宮津市が京都府北部に位置するため、南に向かって咲くひまわり同様、京都府北部から南の京都市に対して情報発信し、京都府北部、つまり司法過疎地に少しでも興味を持っていただきたい、京都府下の弁護士偏在問題も京都弁護士会に所属する弁護士一人一人の問題としてとらえていただきたいとの願いからでした。

　現在、法テラスとひまわり基金は車の両輪のように、司法過疎、弁護士過疎問題に取り組んでいますが、私は、弁護士としては、やはりこの問題は、国や法テラス任せにするのではなく、我々弁護士全体が自らの問題としてとらえ、弁護士会が組織的かつ主体的に取り組んでいく問題であると考えています。

## 2　京都が弁護士過疎？

### 1　京都のイメージ

　ほぼ毎年、日弁連で開かれる修習生用の弁護士偏在問題に関するシンポジウムに出席しています。しかし、京都弁護士会に所属しているころは、各地方の弁護士会が専用ブースを設けている中に並んで、京都弁護士会のブースに座っていると、修習生から「どうして京都がいるんですか？」と怪訝な顔をされることが多かったです。

　修習生の中でも、京都修習は札幌修習と並んで人気修習地であり、毎年多くの修習生が実務修習を希望していました。また、修習生が「京都」と聞いて連想するのは、修学旅行で行った金閣寺に銀閣寺、東寺の五重塔から清水寺の舞台、二条城、三年坂、祇園の花見小路や鴨川納涼床など、いずれも我々日本人はもちろん、世界中の人を惹きつけてやまない1200年の王城の優雅な風景でしょう。

　しかし、実は京都府は南北に長い都道府県であり、北部の日本海側には「岸壁の母」で有名な舞鶴市、日本三景「天橋立」を擁する宮津市、2004（平成16）年4月から合併により誕生した京丹後市などの市が点在しています。宮津はそんな京都府北部の日本海側に位置する市の一つ、人口約2万3,000人の観光都市です。

### 2　京都府下の司法状況

　現在、京都府の府民人口は約260万人です。京都府下の地方裁判所は、本庁1庁、支部4庁（園部、福知山、舞鶴、宮津）の5つの体制であり、京都府民は本庁が管轄する京都市周辺に82％、残り18％がその他4支部にだいたい均等する形で居住しています。

　しかしながら、私が赴任した当時、京都の弁護士は会員約370名のうち98％に相当する360名以上が京都市内で開業している現実がありました。当時は支部所在地で開業している弁護士は、園部がゼロ（ただし、その後、公

日本三景天橋立

設事務所の設置等がすすみ、現在は3名)、福知山3名(現在4名)、舞鶴4名の状態でした。つまり、京都府民のうち約2割の人は弁護士がほとんどいない地域に住んでいるのが現状でした。

　修習生の感覚からしたら意外なのでしょうが、京都は全国の中でも弁護士偏在がもっとも進んだ都道府県の一つとも言うべき状況でした。

## 3　関西初の公設事務所設置に至るまで

　宮津ひまわり基金法律事務所は、2002(平成14)年10月1日に開所しました。設置に至る経緯は次のとおりです。

### 1　丹後法律相談センターの設置
　京都弁護士会では、弁護士偏在問題に対応するため、1999(平成11)年

4月、丹後法律相談センターを設置し、週2日、峰山町（現在の京丹後市峰山町）と宮津市において定期的な法律相談を開始するようになりました。私も、同年4月に弁護士登録してしばらくしてから、興味本位でこの丹後センター法律相談員に登録したことが、京都府北部の司法過疎問題に取り組むきっかけになりました。

　私が勤務弁護士をしていた事務所では、金融事件（銀行側）、倒産事件（大型管財事件や民事再生事件）、交通事故をめぐる損害賠償事件（損保側）などを扱う一方で、医療過誤事件や消費者事件、さらに一般的なクレサラ事件から民事事件まで幅広い事件を扱っていました。また、金融、交通事故（保険）、企業法務、消費者問題から少年事件まで、様々な分野に興味を持つ個性豊かな弁護士がそろっており、大都市の大事務所とはひと味違った修行をさせていただいたと思います。

　京都市内にいるときは、よく事務所の弁護士から「北部の事件ってどんな事件や？」と聞かれましたが、私が北部に通っていて感じたことは、都会だろうが田舎だろうが人の紛争の根元は同じであり、両者に根本的な違いはないこと、むしろ田舎で相談にくる市民は弁護士が身近にいない分、都会よりも切実に自らの紛争を解決してくれる法律家を必要としているということでした。

　私も丹後センターの相談業務に従事する中で、受任が必要な事件についてはできる限り受任をし、宮津支部にも通うようになりましたが、やはり地元での常駐弁護士の必要性を痛感するようになりました。これは丹後センター相談員に登録する他の弁護士も同じ思いであったと思います。

2　公設事務所の設置

　そのような折、2000（平成12）年、京都弁護士会の國弘正樹弁護士が公設事務所第1号として石見ひまわり基金法律事務所に赴任され、京都でも徐々に宮津に常駐の公設事務所を設置しようという動きが出てきました。

　私も、2001（平成13）年からその公設事務所設置準備室の委員となって

事務所一同・宮津支部の前にて

準備を進めていましたが、いざとなると「誰が猫に鈴をつけるんだろうか？」という議論になってしまい、結局、私が一念発起して応募することになりました。

私が公設事務所に応募することを打ち明けた際、勤務事務所の弁護士からは一様に反対されました。「由良さんのためを思って言うけど、宮津はガダルカナルやで。大本営の無責任な計画に乗ったら、若者は帰ってこれへんで」などと脅されましたが、私自身の融通のなさ、頑固さも手伝ったのか、「それでも行きます」と言い切ってしまいました。

それで、約1年間の準備期間をもらい、なんとか2002（平成14）年10月に公設事務所の設置にこぎ着けました。

## 4 宮津での生活

### 1 宮津での私生活

当然のことですが、不慣れな土地での生活には大きな不安がつきまとっていました。

京都にいるときは都会のアパート住まいであり、隣人同士全く無関心でし

たが、宮津に来て最初に驚いたことは、引っ越ししたてのベランダで掃除をしていると、向かいの知らない人が、突然「先生！これからよろしくお願いします」と挨拶してきたことでした。この地にプライバシーという言葉はあるのだろうかと驚愕したのを思い出します。

　最初は「よそ者が引っ越してきて大丈夫だろうか」、「怖い人はいないだろうか」と思い、「組に入って下さい」（もちろん、反社会的集団ではなく「隣組」のこと）などとも言われ、「面倒くさいことにならないだろうか」と心配していましたが、予想に反して全く苦になることなく、すぐ地元に溶け込めたと思います。

　開業当初など、事務所に電話がかかってきて「〇〇ですけど、由良先生ですか」と言われ、忙しかったのでむっとしながら「どちらの〇〇さん？」と言ったところ、「隣の〇〇です。今、先生の宅急便をお預かりしました」と言われたので、飛んで帰ったこともあります。事務員さん曰く「まさしく、地元密着型弁護士ですね」。

　朝も、近所の人から「おはようございます」、「行ってらっしゃい」と声をかけてもらい、冬は雪かきをしあうなど、テンニエスのいうゲマインシャフト（共同社会）の生活を体感しました。

## 2　宮津での弁護士生活

　本業の弁護士業務についてですが、2002（平成14）年10月の開設から2004（平成16）年7月初めまでで約500件の相談を受け、約57％に相当する280件程度を受任しました。ただ、これは委任状をもらった事件を受任事件として換算しているので、訴状や調停申立書を作成し、後ろでアドバイスを続けている事件も相当数あったので、実質的な受任事件はもっと多いのではないかと思います。

　受任事件の中で一番多かったのは、やはりクレサラ事件です。私が赴任する前までの宮津支部の破産件数は年間90件前後で推移していましたが、私が赴任した2002年は年間130件、次年度の2003年は年間180件と倍増しまし

た。ただ、全国の公設事務所の報告を聞くと、宮津のクレサラ事件受任数も決して多い方ではないようなので、各地の公設事務所の忙しさには驚かされます。

　宮津の特徴は、他の公設事務所と比較して一般民事事件が多いことのようです。事件の種類も、離婚、不動産、交通事故などの一般民事事件を筆頭に、犯罪金融被害、消費者被害、医療過誤、労働事件、先物取引被害、PL事件、珍しいところでは前近代的な村八分事件などバラエティーに富む事件を受任することになりました。

　本書でも他の公設事務所弁護士経験者が報告しているとおり、各支援委員会やひまわり基金関係のメーリングリストなどを通じて心強い支援もしてもらい、「ガダルカナル」どころか十分な支援体制・補給体制を構築していただきましたので、私のような若く未熟な弁護士でも、押し寄せる事件をなんとか処理できました。

## 5　なぜ田舎に弁護士が必要か

### 1　紛争解決手段としての司法

　さて、弁護士過疎最前線を経験した者として、なぜ田舎に弁護士が必要なのかを改めて申し上げたいと思います。

　以前の日弁連会長が「二割司法」と言われたとおり、現在の我が国では、司法は都会でさえ紛争解決手段として役割を十分果たしていないと思われます。弁護士がいない田舎ではなおさらであり、司法は二割の役割すら果たすことはできません。そのため、紛争は「政治決着（談合）」、「行政」、「暴力」、「泣き寝入り」など弱肉強食型の手段により解決されてしまう場合が多いのが実情です。

　宮津で実際に聞いた相談ですが、弁護士がいない地域でトラブルに巻き込まれた場合、市民が最初に相談するのは警察か市役所です。しかし、警察では「民事不介入」、役場では「次回の無料法律相談日に相談にくるように」

などと言われると、驚くことに暴力団に紛争解決を持ち込む人も少なくありません。さらに、暴力団に脅された側も暴力団を立てて応酬し、結局双方「手荒なことはしない」などとの手打ちをして何も解決しないまま、反社会的集団に金をとられることも少なくありません。実際に弁護士がいないところでは指定暴力団や暴力団構成員・周辺者も多いようです。

　暴力団と弁護士の仕事（ヤクザの場合はシノギという）に共通することは、「人の紛争を扱う」という点です。違う点は「力」で解決するか、「正義」「法」「ルール」に基づいて解決するかという点です。弁護士がたくさん存在する大都市部でさえ、「二割司法」などと言われているのに、弁護士が一人もいない地域に「法」「正義」に基づく紛争解決手段が根付くはずがないのです。

　「泣き寝入り」や「暴力」では力が強い者が勝ち、弱い者は負けます。「政治決着」や「行政」など権威による解決手段では、裁定者の恣意性が排除できずフェアではありません。当たり前のことですが、全国津々浦々に、公正でフェアなルールに基づく解決手段を根付かせるためには、田舎にぜひとも弁護士が必要なのです。

## 2　弁護士人口が増えれば田舎に弁護士は増えるか？

　このような弁護士過疎の解決手段として、司法改革に伴う法曹人口増加をあげる声もあります。「弁護士人口が増えれば、弁護士も都会では食べていけなくなり、田舎にも弁護士が増えるだろう」という論です。

　しかし、本当にそうでしょうか。私は、弁護士偏在問題は、必ずしも弁護士人口の増加だけでは解決しないと思っています。

　今は若干変わっているでしょうが、私が宮津に赴任していたころのデータでは、2003（平成15）年10月、司法修習を終えて弁護士登録した弁護士は798名であり、うち約6割の471人が東京、107人が大阪に就職し、両都市に就職した弁護士は全体の72％に達していました。札幌、仙台、名古屋、福岡などの大都市もあわせれば8割以上が大都市に就職しています。一方、

この年は、函館、旭川、山形、福井、金沢、山口などの 7 弁護士会は新規登録者がゼロでした（2003年10月 9 日朝日新聞より）。

　我が国の歴史を振り返っても、人口が増加すれば経済活動の中心地である大都市部に人口が集中することは明らかであり、自然に任せて人口増加を待てば、弁護士人口にしてもこの例外ではないと思われます。

　また、都会であぶれた弁護士は田舎に行くだろうとの論調は、地方に住んでいる人に対して大変失礼な言い方であると思いますし、地方の困難な事件を処理するためには、都会であぶれた弁護士は歯が立たない可能性もあると思います。

## 6　「司法過疎」を解決するために

### 1　「弁護士過疎」か「司法過疎」か

　さらに、よく「弁護士過疎」と言われますが、私は、この問題はむしろもう少し大きな「司法過疎」という視点が必要ではないかと考えています。田舎には、「弁護士」だけでなく「司法」制度自体が過疎になっているという意味です。つまり、地方には、いないのは弁護士だけではありません。我が国では、地方に法律事務所、裁判所、裁判官、裁判所職員なども少なく、司法自体が大都市に偏在している現状に目を向けるべきだと思うのです。

　例えば、京都地裁宮津支部が管轄する丹後地域（現在は 2 市 2 町、人口約11万6,000人）にも、1990（平成 2 ）年 3 月までは京都地方裁判所峰山支部というもう一つの裁判所支部があり、丹後地方の裁判所は 2 支部体制でした。しかし、同年 4 月の支部統廃合により峰山支部は廃止され、宮津支部に統合されてしまいました。その反面、京都地裁の本庁では、裁判官も増加し、新たな民事部が増設されてきています。

　これは丹後や京都だけに限ったことではありません。昔は裁判所があったが、弁護士もいないし、いつの間にか裁判所もなくなった地域は、全国に数多く存在します。このような地域では、裁判や調停をするにしても離れた裁

判所に通わざるを得ず、紛争解決手段としての司法自体が機能しにくくなっているように思います。

このような状態は「弁護士過疎」以前に「司法過疎」と呼ぶべきではないかと思います。

## 2　最高裁が作り出した「司法過疎」

最高裁判所は、戦後から現在に至るまで、我が国での民事訴訟の増加に対し、十分な裁判官の増員を行わず、簡裁の事物管轄の切り上げ、簡裁の統廃合、地裁支部の統廃合などにより、地方を切り捨てて、余った裁判官を大都市部に集中させる司法行政政策をとってきています。

1982（昭和57）年、最高裁は事物管轄を30万円から90万円に引き上げましたが、この目的が簡裁本来の少額民事事件や軽微な民事事件を簡易迅速な手続で処理するという趣旨を離れて、地裁事件の増加に対応するため簡裁と地裁を同一視し、地裁の負担軽減を図ることにあったことは明らかでしょう。その姿勢は、2004（平成16）年4月に簡裁事物管轄が一気に140万円にまで引き上げられることでより一層加速されました。「庶民のための裁判所」という簡易裁判所本来の設立趣旨は失われようとしているのです。

さらに、最高裁は、1987（昭和62）年、全国101庁の独立小規模簡裁を廃止し、東京、大阪、名古屋などの大都市部では簡裁を1庁に統合しました。さらに1990（平成2）年、全国242カ所あった地家裁のうち支部41カ所を統廃合しました。

これらの司法行政施策について、最高裁は「司法の効率化」、「司法充実」の一環とし、支部の配置が人口分布、交通事情など社会の実情に合わなくなった点を強調していますが、実際は、都市部の事件数が急増し、現在の裁判官数では処理しきれなくなったため、地方から都市部へ裁判官及び職員を移動させたいのが本音でしょう。事実、統廃合の対象となった支部の管轄は、非常に公共交通の便が悪い上、冬季には降雪などで閉ざされる地域が多いのです。

現在、日弁連は裁判所がありながら弁護士が一人またはゼロの地域を「ゼロワン地域」と称し、この地域の解消を目指しているが、もともと裁判所があったのになくなり、弁護士もいない「隠れゼロワン地域」というべき地域は相当数あるのです。

### 3　裁判官及び裁判所職員の増加を

　日弁連や各地の単位会が裁判官の増員を繰り返し求めていますが、戦後、裁判官数は2,000人前後を微増するだけで、民事事件の増加に伴ったマンパワー（人的資源）の供給がされていません。

　最高裁は、地裁の民事事件の増加に十分な人的資源の手当をせず、事物管轄引き上げで地裁の事件を処理するため、簡裁を利用したり、地方の支部を切り捨てて、地方の既存人員を都市部に集中させることで対応してきました。この最高裁の態度は、国民の意見を反映したものとはいえないばかりか、統廃合される側からすれば「裁判を受ける権利」の侵害とも評価されてもやむを得ないでしょう。このような最高裁の態度は強く非難されるべきです。

　今後、ゼロワン地域の解消を目指すことは重要ですが、さらに最高裁に裁判官の増員を求め、地方への裁判官の供給、廃止された支部の復活を求めていくべきなのではないでしょうか。

　独立簡裁しかなく地裁支部がない地域では、弁護士にとっても、なかなか勝手が悪い面があります。我々弁護士は、倒産事件にしろ家事事件にしろ、どうしても地家裁で仕事をすることが多いから、「簡裁はあるが、地家裁支部まで車で一時間もかかる地域はちょっと……」と二の足を踏まれるのは当然でしょう。もし独立簡裁しかない地域にも地家裁の支部が復活すれば、弁護士はより地方に広がる可能性があります。

　裁判官の増員問題は、都市部では裁判官の加重な事件負担を軽減することになり裁判の迅速化につながるでしょうが、地方ではもっと切実な裁判所があるかないかの問題に直結しているといえると思います。

## 7 公設事務所応募を考えている方々へ

　現在、公設事務所や法テラスの4号事務所（司法過疎地対応地域事務所）へ応募するかどうか迷っておられる方も数多くおられると思います。
　「自分の実力でやっていけるだろうか」、「経営は成り立つだろうか」、「生活は不便ではないだろうか」、「地元弁護士会からは縄張りに入ってきたよそ者と思われないだろうか」などと不安を抱えておられると思いますが、ぜひとも志を持って応募していただきたいと思います。全国各地の公設事務所弁護士の報告を聞いても、経営が成り立たないなどという声はほとんど聞かないし、むしろ忙しすぎるくらい、地元や全国の期待を背負って生き生きと仕事をされている弁護士が数多いのです。公設事務所での活動は、都市部での勤務弁護士生活よりは数段中身が濃いものであり、その後の弁護士人生においても有益な糧になることは保証できると思います。
　私自身、宮津に行ってから興味を覚えた分野は、日本の法人資本主義問題、世情を騒がせている一流企業と呼ばれる企業集団の不祥事、企業の政治献金問題や株主代表訴訟などに移りました。現在、大阪へ登録換えをして都会の弁護士をしているのも、そういう理由もあるのですが、過去、「司法過疎」の最前線で生の事実を聞いて、事実を調査し、法的な評価をして適切な手段を選択するという、我々弁護士の基本的な姿勢を磨くことができたことは、なかなか都会だけで弁護士をしている中では得難い経験だったと思っています。

## 8 おわりに

　冒頭にも書いたように、私が過去連載していた京都弁護士会の会報「北のひまわり」と同じように、司法過疎に取り組む弁護士の役割の一つは、南（都会）に向かって、北（司法過疎地）の情報を数多く届けることもあると考えています。私の場合、なんとかその使命を果たさねばとの一心で、この

赴任期間はできる限りの情報発信をしてきたつもりです。

　現在は、むしろ、司法過疎地に赴く弁護士を支援する側の人間になりましたが、今後も全国津々浦々にひまわりの花が咲き、全国どこでも「結局、弁護士に頼んで司法に乗せる解決が、一番早いし、安いし、適切」と言えるような時代が到来するための一助になれるよう頑張りたいと思います。

　皆様におかれても、ぜひ大きな志と少しの勇気を持って、公設事務所に応募していただきたいと願っています。

（当時、京都弁護士会。現在、大阪弁護士会）

◎事務所へのアクセス
・JR宮津駅より徒歩3分　京都駅より特急で約2時間　新大阪より特急で約1時間30分

北海道根室市
## 根室ひまわり基金法律事務所

米村哲生 Yonemura Tetsuo

# 小さな町でも大きな町でも変わりない法律問題

司法過疎の取り組みは始まったばかり

所在地：北海道根室市緑町2-28　日専連ビル3階
電話：0153-29-2661
創立年月：2003（平成15）年3月
任期：2007年5月より
弁護士数：1名
事務職員数：1名
営業日：平日
営業時間：午前10時から午後5時30分まで
法律相談の事前予約の要否：必要
裁判所管轄：釧路地方裁判所根室支部
（2007年9月末現在）

# 1 美しい自然と豊かな海産物

　私が赴任した根室市は、北海道本島の東端に位置し、根室半島と歯舞諸島を市域とする人口約3万人の町です。歯舞諸島は、いわゆる北方領土であり、ロシア共和国の不法な実効支配下にあります。

　気候は寒冷であり、暖かくなるころから発生する海霧が日照を不足させ、夏でも25度を超えることがほとんどありません。根室の気候を特徴づけるこの海霧の発生の原因となるのは、北方から流れる親潮（寒流）です。親潮は、大変栄養に富んだ海流であり、その流れる海域では豊かな漁場が形成されています。根室は、この海の豊富な水産資源を背景に水産の町として発展しました。

　一方、根室は、酪農が盛んなところでもあります。広大な牧草地が広がり、牛馬が草を食む北海道らしい景観が広がっています。牧場といえば、塔型のサイロのある風景が思い浮かびますが、最近では、そうしたサイロはほとんど使われていません。もっぱら、ロールベールラップサイロ（牧草をロールにしてラップで巻いた円筒形のもの）が、牧草の醗酵保存に用いられています。白や黒の円筒形が広大な牧場に点々とする様は、幾何学的で現代美術のようです。

　また、根室市周辺には、湿地や湖沼が点在し、水鳥の宝庫です。自動車を走らせれば、どこを切り取っても美しい景観が広がります。タンチョウやエゾジカ、キタキツネの姿もいたるところに見ることができます。そもそも野生のタンチョウを見る機会など、そう滅多にあるものではありませんが、このあたりの住民に限っては例外です。

　「根室には何にもないからねー」という地元の方も、そうは言いながら、美しい自然と豊かな海産物に恵まれた根室の風土を誇りに思っているようです。

## 2 根室ひまわり基金法律事務所について

　根室は、自然と海産物に恵まれた素晴らしい土地なのですが、この地域には弁護士が長年不在でした。

　2003（平成15）年3月、根室ひまわり基金法律事務所が開設され、故柴田岳彦弁護士がこの町に赴任しました。これは、北海道内では3箇所目、全国でも14番目のひまわり基金法律事務所です。

　根室市民がそれまで弁護士をまったく頼めなかったわけではありません。しかし、釧路までは約120キロメートルの道のりがあります。ただでさえ弁護士の敷居は高いといわれているのにそれだけの距離を乗り越えることは、並大抵ではありません。特に冬場などは、そこかしこがアイスバーンとなり、雪が舞って視界も不良となります。飛び出したエゾシカと自動車が衝突する事故も絶えません（東京の人にエゾジカの話をすると笑われますが、笑いごとではありません）。

　根室市内に法律事務所が置かれたことは、弁護士が市民にとってより身近になったことを意味します。そして、この事務所も、故柴田岳彦弁護士、岩田明子弁護士に続き、私で3代目となります。根室市民にも、ひまわり基金の存在は、ある程度定着したかのように思います。

　2006（平成18）年7月、根室支部管内に、もう1つの公設事務所として、中標津ひまわり基金法律事務所が開設されました。これで、この地域に弁護士が2人いるという体制ができたことになります。

　弁護士が地域に2人いるというのは、大切なことです。弁護士は、仕事柄、常に「相手方」を持たざるを得ません。弁護士は、相手方を助けることが出来ないので、弁護士が1人しかいなければ、相手方は弁護士の助力を受けられないことになりかねません。

　ひまわり基金の取り組みが着々と前進を続けていることは、心強い限りです。

## 3 最も多いのは、借金の問題

　事務所は、弁護士1人、事務員1人の小規模な事務所です。特に債務整理事件では、煩雑な事務作業も多く、事務員の協力がなければ進みません。事務員は、私の着任に合わせて、地元の方を採用し、なかなかの手腕を発揮してくれています。

　根室市内には、釧路地方・家庭裁判所根室支部、根室簡易裁判所が置かれています。このうち、釧路地方裁判所根室支部は、根室市のほか、別海町、中標津町、標津町、羅臼町の1市4町を管轄しています。また、標津町には、釧路家庭裁判所出張所及び標津簡易裁判所がおかれています。私の抱える事件のほとんどは、この根室または標津に係属するものです。

　刑事事件は、身柄拘束を伴う場合には本庁で審理されることになっており、根室支部での刑事事件（「わ」号事件）の件数は多くありません（夏を過ぎるころにやっと第3号事件がやってくるくらいです）。

　依頼者が持ち込む事件の種類は、多岐にわたりますが、最も多いのは、借金の問題です。借金の問題を抱えるほとんどの依頼者は、ごく普通の市民であり、相談の内容も消費者金融に複数の借金があり、生活資金を借り入れるうちに返済ができなった、といったものです。

　友人や親戚に借りるときのような面倒がなく、場合によっては人と顔をあわさずにお金が借りられる消費者金融は、瞬く間にこの根室にも普及をしたようです。ある消費者金融の支店長は、根室の人口に対する顧客の比率が高いことを誇ったといいます。

　もちろん、家事や不動産といった「おなじみ」の相談もあります。水産や酪農に関する問題とセットでやってくることも多く、そういうときには、なかなかすぐに回答ができないので、申し訳ない限りです。
北洋漁業の話、ロシアとの交易の話、北方領土の話、牧場経営の話など、東京では聞くことができないさまざまな話を相談者、依頼者から聞くことができるのも、この地方ならではです。

勉強不足を感じる毎日ですが、釧路弁護士会や市役所の方々、また出身母体の第二東京弁護士会の方々の協力を得ながら、大変充実した日々を過ごしていると感じています。

## 4　根室への赴任

　ところで、私自身のことについても、若干触れておきます。
　私が初めて「ひまわり基金」の制度を知ったのは、修習予定者向けのシンポジウムでした。ただ、どうしてそのシンポジウムに参加しようと思ったのかについては、なかなか思い出すことができません。
　きっと、たいした動機などなく、「修習予定者向けに何かイベントがあるらしい」というような軽い好奇心だったのだと思います。このようなことで、自分の弁護士としてのあり方が決まっていくのですから、他生の縁とはこういうことなのかと、感慨深いものがあります。
　私が司法試験を目指そうとするころ、法曹人口の増員は巷間のテーマでした。そのテーマについて書いた何かの論説で「弁護士不足の問題とは、すなわち弁護士の偏在の問題である」との指摘があって、シンポジウムを聞きながら、私は、その論説のことを思い出しました。
　弁護士は増えているのに弁護士が不足している地域がある──私は、シンポジウムの訴えに心を動かされました。確かに、法律上の援助を必要とする人が、弁護士がいないためにその援助を受けられていないというのは、その人にとって不幸であるのと同時に、わが国の法の支配を危うくすることにほかなりません。
　日弁連が特別会費を徴収し、派遣される若手を支援するひまわり基金の事業に私は共感し、そして、はつらつとした先輩の弁護士の姿におおいに励まされ、自分もその輪の中に入りたいと感じました。
　胸の高鳴りを感じた、と書けば大げさですが、私がひまわり基金法律事務所で働くことを志望するのは、この最初のシンポジウムで感じたところの何

かがきっかけです。

　そうして、私は、弁護士になって1年半の準備期間を経て、家族とともに、この根室にやってきたというわけです。

## 5　さいごに

　根室では、流氷が去り、漁が始まる春のころを「海あけ」と表現します。まだまだ水も風も冷たく、牧場も枯れ草色の季節ですが、日ざしが柔らかくなってあちらこちらにフキノトウが顔を出し始めるころです。私が根室にやってきたのは、ちょうどこの海あけのころでした。

　それから暖かくなって、霧の日が増え、8月になると市内に鎮座する金刀比羅神社のお祭りがやってきます。この神社は、1806（文化3）年、高田屋嘉兵衛が創建した神社です。御神輿が金色に輝き、大勢に担がれて坂の多い根室の町を練り歩く姿は勇壮です。そういえば、根室ひまわり基金法律事務所に最初に赴任された故柴田岳彦弁護士は、この御神輿の担ぎ手を経験したのだとか。弁護士が地域に溶け込んだ象徴的な出来事でしょう。

　金刀比羅神社の御神輿の後から秋風がやってくると根室の人はいいます。あっという間に夏が終わり、これから冬がやってきます。寒く厳しい季節ですから、私たちの家族の根室での生活は、いよいよ正念場を迎えることになります。

　この地域における司法過疎の取り組みは、始まったばかりです。人が生きている限りは、いろいろな場面で法律問題にぶつからざるを得ません。これは、小さな町であろうとも、大きな町であろうとも変わりありません。

　司法制度がより人々の身近にあるように、近くに弁護士がいないために救われない人々が少しでも少なくなるように、この取り組みがますます盛んになるようにと願っています。

（釧路弁護士会所属）

◎事務所へのアクセス
〈本庁所在地（釧路市）から〉
　・自動車：約2時間30分（124km）
　・鉄道：約2時間20分（根室本線根室駅　8本/日、鈍行1両編成）

〈東京からのアクセス〉
　・飛行機：中標津空港～東京　1往復/日（空港まで1時間30分）
　　　　　　釧路空港～東京　5往復/日（空港まで3時間）

〈最寄り駅から事務所まで〉
　・根室駅から徒歩15分

鹿児島県南九州市知覧町
## 知覧ひまわり基金法律事務所

永仮正弘 Nagakari Masahiro

# 通い事務所も、
# 南薩摩の事件は独り占め

来れ、気力みなぎる若手弁護士

**所在地**：〒897―0302　鹿児島県川辺郡知覧町郡6223番地1（2007年12月1日市町村合併により南九州市知覧町）
**電話**：0993-58-7201
**創立年月**：2003年（平成15年）8月4日
**弁護士数**：1名
**事務職員数**：3名
**営業日**：月～金
**営業時間**：午前9時～午後5時
**法律相談の事前予約の要否**：必要
**裁判所管轄**：鹿児島地方裁判所知覧支部
（2007年9月末現在）

## 1　薩摩の小京都

　鹿児島地方・家庭裁判所知覧支部管内には、知覧、加世田、指宿の各簡易裁判所、鹿児島家庭裁判所指宿出張所があり、管轄区域は薩摩半島の約3分の1を占める地域で、三市（南さつま市・指宿市・枕崎市）、三町（知覧町・川辺町・頴娃町）で人口15万9,290人（2005〔平成17〕年9月末現在）になります。なお、三町（知覧町・川辺町・頴娃町）は2007（平成19）年12月合併して「南九州市」となります。

　知覧町は、人口約1万4,000人程度の町ですが南薩摩の中心地だったところです。鹿児島地方・家庭裁判所知覧支部、知覧簡易裁判所があり、地検の支部も法務局、税務署なども古くからありながら、どういうわけか管内に法律事務所だけは過去もなかったようです。

　管轄区域はそれぞれ特徴がありますが、指宿市が温泉、枕崎市がかつお等の水産物や焼酎、その他の地域はお茶　さつまいも、養鶏、養豚など第一次産業を主とする地域で、気候温暖の住みやすいところです。ただし、台風など自然災害にはよく見舞われます。人々は明るく、かしこまったり、気取ったりしたところのない純朴な田舎というところです。

　知覧町は、旧陸軍の特攻基地跡の特攻平和会館、武家屋敷群、知覧茶などで有名な観光の町です。薩摩の小京都と呼ばれ、全国から平和を願う人々がひっきりなしに訪れます。事務所入口前の歩道には流水が整備され鯉が泳いでいます。町内の豊玉姫神社では、毎年7月9日、10日小川の流水を利用した水車を動力として人形を動かす「水車からくり」（国選択無形民族文化財）という人形芝居が演ぜられます。また、8月には青森県平賀町の「ねぷた」が知覧に持ち込まれて盛大な祭が行われます。武家屋敷群は、国の「名勝」指定の七庭園があり有名です。第18代知覧領主島津久峯は、藩主の参勤交代に従い江戸に上る道中、家臣共々京の文化に接し、京の文化を知覧に持ち帰ったと言われており、その家臣の屋敷群で260年を経ています。特攻平和会館は、太平洋戦争末期の若き隊員たちの最後の日の思いが込められ

た遺書、遺品、家族宛の手紙、撃ち落された零戦などを展示した資料館です。生きること、平和ということについて我々に迫ってくるものがあります。

## 2 旧事務所

　私は、鹿児島市内のサラリーマン兼業農家に育ち、高校卒業後東京での学生生活4年ののち、鹿児島市に戻ってから司法試験に挑戦し始めました。法学部出身でない私は独学で約8年掛けて司法試験合格、30期です。東京修習そして東京弁護士会に4年所属したのち1982年4月から鹿児島市の自宅近くで個人事務所を開設、以来2003年7月末日まで21年間業務を行ってきました。

## 3 なぜ私が公設事務所に

　2002年3月に法律相談センター九州ブロック協議会が、宮崎県日南市の隣町で開かれました。日南ひまわり基金法律事務所が開設される直前のころです。私は当時鹿児島県弁護士会の会長であったため、執行部も出席して欲しいとの要請があり出席しました。その協議会では、公設事務所が全国的に展開されている中、いまだにゼロ地区やゼロワン地区をたくさん抱える鹿児島県弁護士会は、弁護士過疎を真剣に考えているのかと批判とも非難とも受け取れる空気を察しました。

　私個人としては、知覧支部を管轄する南薩摩には弁護士が一人もいないなと以前から思ってはいました。鹿児島市内の南部紫原団地（鹿地裁本庁まで車で25分）に個人事務所をかまえた1982年4月、自分が日本本土最南端の弁護士だと思ったりもしていました。しかし、その協議会で私は、「知覧は過去も弁護士がいないようだが、現在は道路事情もよい。車で約1時間あれば鹿児島市内の地裁本庁まで来られるし、指宿、枕崎、加世田（現南さつま市）の三市からも、知覧を通らないで車を使えば約1時間そこそこで鹿

児島市に来られるから不便は感じないのではないか。弁護士も知覧支部での事件処理に余り不便を感じていない」と主張しました。弁護士過疎地域解消に向けた日弁連の方針に反対ではないが、もう少し全国展開の状況を待ってからでもよいのではという考えを述べたのです。

それより1～2年前私は、鹿児島県弁護士会の常議委員会にゼロワン地区解消を主張していました。しかし、常議委員会で、「日弁連は若手を送り込むことまでは熱心だが、2年3年後の更新時に後任をどうするのか、単位会に押し付けるだけではないか」との意見が大勢を占め、もう少し全国展開を見てから、また公設事務所が2年3年の更新を支障なくできるのかの状況を見極めてから、というのが大方の意見でしたので、私もその方向で当面見送る主張を貫いたものです。

しかし、この協議会は、鹿児島県のゼロワン解消をもくろんでいることがはっきりし、懇親会に至っては焼酎の勢いも手伝い、当会の三窪会員が九弁連法律相談センター委員会の委員長を事実上承諾（押しつけ）させられ、いよいよ鹿児島のゼロワン解消の空気は避けられない情勢にありました。

日弁連がそれだけいうなら焼酎の勢いも手伝い、会長の私自身がゼロワン解消のため知覧に乗り込んでもよいとまで言い切ったようです。焼酎の勢いで開き直ったというのが正直なところです。私自身は会長を終えたら少しは弁護士会の仕事からも解放されるし、気分一新の気持ちと、元々私個人の事務所が本土最南端だと思い、更に南側には弁護士が誰もいないとの思いがあったので、知覧を含む南薩摩での仕事も悪くはないかなと思うようになってしまったというわけです。

## 4 裁判所近くの元医院で開所

協議会から更に1年が過ぎました。県弁護士会も私が名乗りを上げたことから、肩の荷がおりたのか、たががはずれたのか、すべて私に任す、あなたが知覧に行くなら単位会はどうぞと、反対はしませんよという姿勢でしょ

うか、すんなり知覧公設事務所設立が可決されました。あとは2003年8月4日の開設という運びになりました。

ところで、事務所探しや職員探しが通常は大変な作業なのですが、何の苦労もなくあっという間にすべてが決まったのです。鹿児島市内の事務所をたたんで、知覧町に日弁連公設事務所を開くということを触れ込んで、私も事務所適地を探していたのです。旧事務所の元女子事務職員の父Tさんは裁判所の元書記官で知覧町に住んでおられて、私が赴任することを告げていたのです。地元紙南日本新聞の報道も、2003年中に日弁連と県弁護士会が知覧に公設事務所設置を打ち出したと報道していました。知覧に赴任する弁護士は誰か誰かと言われていたのでした。そのTさんに私は知覧の裁判所の近くでどこか法律事務所にふさわしい建物はないかと物件探しをお願いしたのです。すると私の連絡を受けたTさんはすぐ知覧町役場に掛けこみ、日弁連の公設事務所が知覧に来る、適地はないかと探して下さったのです。翌日には私にTさんから連絡が入りました。知覧町所有建物が裁判所の近く100メートルもないところにある。駐車場も5台以上入る。元々病院の建物ということでした。私はその建物の存在を以前から知覧支部での裁判に行くときから見慣れて知っていました。2階建のきれいなタイル張りの建物です。その病院は医師が高齢で4～5年前他界され、遺族は知覧町を引き揚げて、建物及び敷地は知覧町に寄贈されたということでした。知覧町も寄贈は受けたものの、その利用についてどうしたものかと4～5年眠っていた建物でした。その位置、駐車場など法律事務所に最適地であり、これ以上の物件はないので、建物の中を見る前に早速三窪会員を通じて知覧町に予約してもらいました。知覧町にとっても公設事務所設置の話は渡りに船で、あっという間に結実したのです。

## 5 還暦で心気一転

開所式は2003年8月4日でした。その2日後の8月6日、還暦を迎えま

した。1943年8月6日は、広島原爆投下のちょうど2年前です。私は父が警察官で釜山周辺にいたため韓国が出生地です。敗戦でなんとか日本に帰れて残留孤児にならなくて済んだようです。知覧町は平和を願う人々の集まる場所です。その意味で、知覧町での事務所開設は還暦の私にとって人生のやり直しであり、平和の記念日でもあります。私は農家出身ですから、田植も稲刈りも、さつまいも植えや、収穫も、茶摘みも茶もみも農作業はひととおりできます。平和を愛する、そして農村地域の知覧町には何となく感覚が合うし、言葉も同じで何の違和感もありません。

知覧町からいただいたお祝いの花束

　開所式での懇親会の席上で、私は知覧町を被告とした知覧中学校いじめ自殺事件の原告代理人を担当した弁護士と紹介されました。知覧町長は「かつての敵は今日の友」といって、私の事務所を歓迎し、町の建物を提供してもらいました。しかし、これまでも南薩摩の自治体を被告として裁判を提起し争ってきました。それとこれとは別なのです。

　県内第1号の公設事務所で地元新聞、テレビ局は大々的に報道し、社説まで歓迎的に論説されました。そのころ私は時の人になりました。

## 6　通い事務所

　私は、現在も鹿児島市民です。知覧の公設事務所に2年か3年かという更新の意識は私には全くなく、6年か9年か12年かそして引退かでしょう。

長年働いている男性事務職員（私の妻も事務職員）も私も鹿児島市からの通勤です。私の鹿児島市内の自宅から、車で40〜45分の距離です。過疎と言うほど、知覧町はそう遠くはないのです。ただし、知覧町から更に南部、西部の地域は確かに過疎です。事件も旧事務所時代のものを持参して知覧町に移転しました。開設当初は、鹿地裁本庁、県内の鹿屋、川内、加治木の各支部の事件（ただし、離島の名瀬支部だけは持っていません）、福岡高裁宮崎支部の事件もいくつか残っており、収入も旧事務所の分と半々でした。結局、旧事務所が名称を変えて、事務職員体制もそっくりそのまま移転したというようなものです。

　公設事務所が開設して5年目に入りました。事件内容としては、破産、任意整理など多重債務関係、離婚、遺産分割、境界、損害賠償請求事件、国選など旧事務所時代と変わりはありません。依然として本庁係属の大型事件（再審大崎事件、志布志公選法違反事件12名無罪、接見国賠、志布志無罪国賠集団訴訟、原爆認定訴訟、中国残留孤児国賠訴訟）などにも参加しています。本庁事件や弁護士会の委員会活動などにもかかわっている点で、他の公設事務所とは少し異なっていると思います。また、知覧町在住の事務職員も雇用し事務所体制の拡充も図り、日程によっては事務所に週3回位泊まることもありますが、まだまだ管内16万人弱の対象人口の中に、弁護士1人では弁護士過疎に充分対応し切っているとはいえません。若手弁護士が加わって、過疎地域の住民の法的ニーズに応えていく必要を感じます。2007年10月1日、知覧から約1時間離れている指宿市に法テラス指宿が開設されました。

（鹿児島県弁護士会所属）

◎事務所へのアクセス
- 鉄道駅なし
- JR鹿児島中央駅から鹿児島交通知覧行バス　武家屋敷入口停留所下車（約70分）武家屋敷入口停留所から徒歩約5分
- 鹿児島空港から高速道路と指宿スカイラインを利用して車（自家用車）で約70分

秋田県横手市
## 横手ひまわり基金法律事務所

外山奈央子 Toyama Naoko

# 孤軍奮闘ではないけれど

同郷として、よそ者として

所在地：〒013―0023　秋田県横手市中央町6-26　GOビル2階
電話：0182-35-4485
創立年月：2003（平成15）年9月
弁護士数：1名
事務職員数：2名
営業日：平日
営業時間：午前9時から午後6時まで
法律相談の事前予約の要否：必要
裁判所管轄：秋田地方裁判所横手支部
2007年9月、外山法律事務所と改称。

（2007年9月末現在）

LIBRA第3巻12月号（2003年）10頁より転載

## 1　かまくら、小野小町、稲庭うどんに花火、しだれ桜

　当事務所は、秋田県横手市に位置する全国19か所目の公設事務所である。

　横手市は、県都秋田市から南に約70キロメートル、県の内陸南部に位置し、市内に秋田地裁横手支部がある。秋田地裁横手支部は、横手市を中心とする1市5町2村とその南部の湯沢市を中心とする1市3町2村を管轄とし、管内人口は18万6,000人、面積は1,918平方キロメートルである。第一次産業従事者が15パーセント、65歳以上が30パーセントと、高齢者の多い農村地帯と言えよう。

　地域は奥羽山脈に近い盆地であるために、県内でも有数の豪雪地帯として知られる。横手市では、毎年2月、小型雪山をくり抜いた「かまくら」を並べたかまくら祭りが開かれ、多くの人を集めている。近年では、ソースで炒めた太麺に目玉焼きをのせた「横手焼きそば」が、地域の名物として有名になった。

　また、湯沢市周辺には、世界3大美人の一人小野小町の故郷とされた雄勝町や、稲庭うどん名産地として工場と店舗が点在する稲川町もある。泥湯温泉、秋の宮温泉郷、栗駒山など、自然に囲まれた温泉郷にも恵まれている。

　さらに、横手市の北方約25キロメートルには、全国花火競技会が開催される大曲市があり、市内に秋田地裁大曲支部がある。この大曲支部管轄には、日本で一番深い湖である田沢湖や、しだれ桜と武家屋敷の美しさで有名な角館町がある。

　このように、横手市から車で1時間半も走れば、周囲の観光名所にいくつもたどり着ける。

## 2　市内で3人目

　横手市内には、既に47期、53期の弁護士が登録されており、私が市内で

3人目の弁護士である。また、大曲市内にも5名の弁護士が登録されている。

　横手市内の先生は、いずれも司法研修所卒業後、直ちに当時ゼロワン地域であった当地に登録され、地域の司法過疎解消のために尽力されてきた。

　そのご苦労を考えると、公設事務所の開設というある種恵まれたチャンスを得ることのできた自分が、地元の先生らを差し置いてあれこれ書くのも気が引ける。が、ひまわり基金の看板を頂いている責任として、この機会を借りて、地域のことや当事務所のことなどを述べたいと思う。

## 3　一念発起で3か月

　私が公設事務所への応募をしたのは2003年6月で、開設したのは同年9月である。超スピード開設であったが、それは私の一念発起が原因であった。

　私は2000年に弁護士登録後、都内の東京あおば法律事務所に勤務した。私が就職した後、パートナー弁護士の宮岡孝之先生のご方針で、公設事務所への若手派遣の協力事務所となり、志を持った2名の55期の弁護士が勤務するようになった。秋田出身で秋田修習だったにもかかわらず、東京生活への憧れを捨てきれずに東京に舞い戻った田舎者の私には、いわゆる田舎で弁護士をすることは想像ができず、また、ゼロワン地域等で1人で事務所を切り盛りするという大それたことをできるわけもないと考え、公設事務所に行くなどと考えることはなかった。

　しかし、登録から丸3年を経過した2003年春、勤務弁護士が個人で獲得する依頼事件数が事務所からの事件数よりも多くなると言われるころになり、同期からちらほら独立の便りが来るようになったころ、自分の身の回りを省みる余裕が出てきた。もう少し今までと違う苦労をした方がいいだろうと考えていた折、出身地である秋田県内の能代と横手で公設事務所赴任弁護士を募集していることを知った。これは今までと違う苦労をするいい機会であるし、これまでの自分の経験が人様に役立つことにつながるいい機会でもあると考え、応募を決意した。当然、弁護士数増加の中で、任期終了後の生活を

事務員歓送迎兼誕生会にて（写真右端が筆者）

考えると不安もあったが、冒険するには今しかないと考え、今しかできないことに挑戦することにした。

なお、横手に応募をしたのは、実家のある秋田市や東京に近いという交通の便や、県南部の人は穏和であるとのイメージなどを考慮したことによる。

このような経過で、公設事務所赴任に応募したのは2003年6月のことであり、秋田弁護士会の先生と初顔あわせをしたのは7月上旬だった。私のたっての希望で9月下旬までに開設させて頂くことになった。このようにバタバタと開設を決めたために、支援委員会の先生方、秋田弁護士会の諸先生方には、大変ご迷惑を掛けてしまった。

また、開設準備に追われたため、立つ鳥跡を濁した状態で、勤務先であった東京あおば法律事務所の宮岡先生や事務所の方々にも大変ご迷惑をお掛けしてしまった。

## 4　1年間の成果

2003年9月24日から業務を開始したが、開所披露等の模様が報道されたおかげで、業務開始日より電話による相談の予約が多数あった。

開設直後は、悩み相談、困りごと相談のような、法的対応を必要としない相談が多かった。某法律相談系番組のせいか、弁護士事務所に足を運ぶことの抵抗が幾分減っているという土壌があり、当事務所の開所披露の報道を見て、気軽に当事務所を訪問した人が多かったのではとの印象を受けた。
　その後、開設1か月後ころより、多重債務相談が次第に増え、現在では、多重債務案件が受任事件の6割程度を占めている。
　開設から2004年9月末までの1年間の当事務所での相談件数、受任件数は、相談件数331件（うちクレサラ121件）、受任件数183件（うちクレサラ108件）、国選弁護等刑事40件となった。なお、相談については、3週間に1回以上、地元の法律相談センターで1回5人枠で相談を担当しているため、相談件数は更に増える。
　このように、相談件数、受任件数ではゼロワン地区の公設事務所と大差のない結果となっている。ただ、横手や大曲に先生がいるため、事業者からの相談はほとんどない。非事業者からの相談がほとんどなので、事件規模も小さい。
　多重債務案件は景気の影響もあるが、当地は低所得者層が多いため、景気以前の構造的な問題もあると思われる。さらに、そのような人たちが、自宅の建築や新車の購入等収入を超える支出をしていることも影響しているかもしれない。また、20代前半の若者や高齢者の消費者関係事件（デート商法、内職商法、資格商法、原野商法、マルチ商法、名義貸しなど）も多い。農村地域に住む、穏和でまじめな性格の人が多く、他人を疑う気持ちがなく詐言を信用しやすかったり（地元の言葉では「人っこがいい」と言う）、地縁血縁が濃く表立った摩擦を避けるために、ほかからの頼まれごとを断れないことが原因の一つにあるのではないだろうか。
　県内では、卒業間際の高校3年生を対象に、担当弁護士が各校を訪問してサラ金・クレジットの安易な利用の危険性を呼びかける消費者教育が行われているが、広く成人の人々にも行う必要があるように思う。

## 5 同郷として、よそ者として

　当事務所が開設されて、相談窓口が増えたという点では司法過疎解消に役立っているようであるが、単に数が増えただけでは意味がないと思うようになった。それには、理由がある。

　開設直後に、某士業の研修会で講義をさせて頂いた際、その懇親会で、ある方から、「横手には既に2名の弁護士がいる。東京から来て公設事務所を開いたあなたは、この二人とは違う何ができるのか」という質問をされたことがある。なるほどもっともな話なので、改めてこの場で挙げてみることにした。

　まず、県出身者であるものの、地域とは全く地縁血縁がないという点が挙げられるかもしれない。

　相談者の中には、行政や警察等で相談した後に、相談内容が周囲へ（時には相手方へ）漏れた経験を持つ人がおり、相談内容や法律事務所に相談をした事実が周囲に知れることを不安に感じている。中には、ある弁護士の先生のお身内と相手方が高校の同級生だから、その先生には相談できないという理由を述べる相談者もいる。地域にしがらみのない自分が相談を受けることで、秘密が厳守されるというイメージそのものに安心感を持つようだ。

　他方、私が県出身者であり、多少なりともバックグラウンドが同じで、相談者の置かれた環境を理解しやすい点がある。

　自分の中では、出身者として物事を理解しやすい部分、「よそ者」として距離を置くからこそ理解する部分がそれぞれあり、このようなスタンスを事件処理に役立たせることができればと思う。

　また、同じ女性に相談したいという女性相談者もいる。夫の暴力等婚家で虐げられ、男性の先生には抵抗がある若い女性の方や、具体的な理由がなくとも男性の先生では緊張するという高齢の女性の方がいる。

　このように、地元の事務所と違う当事務所の特徴を認識して頂くのは、弁護士として有り難いことである。

## 6　半単身赴任生活

　平日は事務所と自宅の往復だが、週末は秋田市の実家に行くことが多い。学生時代の友人と会ったり、家に遊びに行ったりする。数年来のキャンプをするなど集ってきた友人集団と行動を共にすることもある。また、親から言い付けられて買い物をしたり、老猫 2 匹を獣医に連れて行くこともある。ごく平凡な生活であるが、なくてはならない息抜きの時間である。

　また、横手から東京までは日帰り出張が可能であるので、月 1 回くらいの頻度で上京している。友人知人と会ういい機会である。


## 7　今後の課題

　この 1 年、公設事務所所長という立場から、数々の貴重な経験をし、充実した日々を送ることができ、大変感謝している。

　しかし、日々の業務ではそのような実感を持つ余裕はない。相談の回答や事件の処理に悩み、メーリングリスト等をフル活用することがあるし、事件数が少なくないため、自分の処理能力のなさにいら立つこともある。

　また、電話で相談依頼を受けても当事務所で直ちに相談予定を設けることができず、地元の法律相談センターを紹介することもある。公設事務所が開設されても、司法サービスが整備されたとは言えない状態にある。

　当事務所が地域のための相談窓口として意味を持つかは、引き続き今後の当事務所の活動次第であることを深く認識して、残る 2 年間、公設事務所として恥ずかしくない活動をしていきたい。


## 8　任期を終えて

　上記は、業務開始の約 1 年後に、当時の状況をまとめさせて頂いたものである。

その後、お陰様で、周囲の方々よりご指導を頂きながら業務を遂行することができ、2006（平成18）年9月までの3年の任期を1年延長し、2007（平成19）年9月の任期満了後、当地に定着をさせて頂いた。
　業務開始後現在までの4年間を振り返る余裕はないのであるが、それでも、当職のなすべき、又は、求められている活動は年々増加しているとの実感はある。
　それは、当事務所を法律相談窓口として認知して貰えるようになり、地元の方々との繋がりが様々に広がったからに他ならない。日常業務の積み重ねの結果であり、非常に有り難いことである。
　2006（平成18）年10月には、地元出身の方が横手市内で弁護士登録をされ、市内の弁護士は当職も含めて4名となった。3年間で市内の弁護士は倍増したことになる。
　もっとも、市内の弁護士が増えたとは言え、地元の方々にとっては、まだまだ法律相談窓口が少なく、その選択肢が限られているという状況は変わらない。

（秋田弁護士会所属）
＊2007年9月22日より、横手ひまわり基金法律事務所から外山法律事務所と名称変更をした。

鹿児島県鹿屋市
## 鹿屋ひまわり基金法律事務所

大山勉 Ooyama Tsutomu

# 本土最南端、薩摩の国の ひまわり日記

相談できるベテラン弁護士をつかまえておくことは不可欠

所在地：〒893—0011　鹿児島県鹿屋市打馬2-9-27サンライズビル1階
電話：0994-42-7830
創立年月：2003（平成15）年11月
弁護士数：1名
事務職員数：4名
営業日：平日
営業時間：午前9時から午後5時まで
法律相談の事前予約の要否：必要
裁判所管轄：鹿児島地方裁判所鹿屋支部
（2007年9月末現在）

## 1 経済面における事務所運営は一安心

　鹿屋ひまわり基金法律事務所は、2003（平成15）年11月から、特攻隊基地があったことで有名な鹿児島県鹿屋市に開設いたしました。裁判所から数百メートル離れた場所にあるビルの1階約20坪のスペースを賃借し、現在、3人の事務局とともに事件処理にあたっています。

　鹿屋支部の管内は、鹿屋市だけでも人口約8万人、管内全体では約27万人もの人口がありますが、弁護士はこれまでたった1人しかおらず、住民にとって弁護士はとても遠い存在であるとのことでした。

　職務の状況は、多忙というほかなく、毎日昼間は法律相談や電話応対、法廷や記録閲覧等に追われ、夜は深夜まで書面作りに追われています。毎月5件以上は入る国選弁護事件、月に数件の破産管財人としての職務、また、当番弁護は車で1時間近くかかる警察署に接見に行くことも珍しくありません。ほかに弁護士がいないので、夕方突然当番の要請を受けても、先に酒でも飲んでしまわない限りは、断ることはできないわけです。

　事件数としては、約10か月の間に、相談約230件、受任約150件（うち、クレサラ約50件、国選弁護約30件、私選弁護3件）となっています。一般民事事件に関しては、離婚、土地紛争、交通事故、売買、請負、損害賠償、相続、身分関係などが均等に分布しています。

　際立って大きな事件はありませんが、何といっても事件数が多いので、比較的収入は安定しております。鹿屋地方では、建物賃料が安く、人件費も都市部に比べると多少の格差があるので、経費はさほど大きくなりません。したがって、経済面における事務所運営は一安心といったところです。

## 2 公設事務所赴任の決意に至るまで

　私が公設事務所の存在を知ったのは、司法試験合格後、いまだ司法修習が始まる前のことでした。先輩弁護士から、「弁護士過疎地域」の問題を聞い

たのですが、当初は、単に「弁護士がいない地域」という程度の抽象的なイメージしか持っていませんでした。

その後、日弁連の支援の下で自ら開業できる「公設事務所」の制度を知って、「日弁連の援助の下に、地域に貢献できるだけではなく、見知らぬ土地で自分の力を試し、さらにスキルアップを図ることができたなら、これは一石二鳥、いや、一石三鳥かもしれない」「しかも過疎地というなら、大自然に囲まれた地域、特に私の生まれた栃木県にはなかった海がある地域で数年間生活ができるかもしれない」と、かなり軽い気持ちで「公設事務所」に関心をもつようになっていました。

その後、「弁護士過疎地域」の問題を少しずつ考えるようになったわけですが、それでもあまり具体的に問題の本質が理解できていたわけではありませんでした。

ただ、法の支配の下ではすべての国民に公平に司法サービスが提供されることが大前提であるはずなのに、地域によっては弁護士がいなくて法的サービスを受けられない地域があるというのでは、事実上司法による権利の救済を受けられない国民が存在することになってしまい、法の支配そのものが机上の空論になってしまうのではないか、と率直に考えた記憶があります。そんな地域が実際にあるとしたら、私たちが受験生時代に一生懸命勉強してきた憲法論・法律学はいったい何だったのだろうか、いくら理論が進んでも実務においてそれが活かされていないのであれば何の意味もないのではないか、社会正義の実現・人権擁護を使命とする弁護士の世界でそんな現状が放置されているはずないじゃないか、と思った覚えもあります。

ところが実際には、弁護士ゼロワン地域が多数存在すると聞いて、法の救済を受けられない国民がいるというのに弁護士は何をやっているのだろう、どうして今日に至るまでこの問題は解決されなかったのだろう、と正直驚きました。この問題の責任は、弁護士にあるものではなく、解決は国に任せればよいという考え方もあるようですが、私は、どうせなら、自分が何かの役に立ちたいと考えるようになりました。

錦江湾から桜島を望む

　地方においては事件数が少なくて法律事務所の経営が成り立たないのではないか、という疑問もあったようですが、制度的には日弁連のひまわり基金による援助も可能であり、現実的にはむしろ事件数は多すぎるくらいで、経営上の心配はほとんどないということでした。

　ただ、当該地域出身の弁護士でもない限りは見ず知らずの土地に行っていきなり開業することになり、いかに地元弁護士会の協力を得られたとしても不安が大きいことは確かだと思います。弁護士も自営業ですから、地縁のある地域や経験を積んだ地域で自ら築いた信頼の上で仕事を続けた方が無難であることは間違いないと思います。そこで最近では、地域に根付く前の弁護士初心者が経験を積むための場として、弁護士短期派遣型の公設事務所が構想されるようになってきたのだと思います。

　この場合の問題点としては、たとえば2～3年の予定で都市部から地方の公設事務所に赴任したとしても、再び都市部に戻ることができるのかという不安があるために、弁護士初心者としては公設事務所赴任に踏み切れないということがあげられると思います。私自身、年老いた両親の住む関東に戻ってこられないのであれば、いかに公設事務所に興味を持っていても赴任をあきらめたと思います。

奄美・加計呂麻島のビーチ

　しかし私に公設事務所の存在を教えてくれた先輩弁護士は、2年の公設事務所赴任の後に再び都内の事務所に戻るという、「短期派遣型」の協力事務所としてのしくみを提供してくれました。これで私はすべての不安材料がなくなり、公設事務所に行く決意ができたのです。

## 3　何でも一人でこなす

　1　弁護士過疎地域特有の問題としては、何十年もの間遺産分割がなされず、相続人を調査してみると、孫の代まで全国各地に約20人もの相続人が現れ、膨大な手間がかかることもありました。
　鹿屋では、地元弁護士会の支援委員長が、公設事務所開設にあたって、かつて10年以上も法律事務所に勤務していた経験のあるベテラン事務局を紹介してくださったので、このような複雑な事務も難なくこなしてくれますが、弁護士過疎地域においては、通常ならば、このようなベテラン事務局はいないでしょうから、公設弁護士は、いきなり膨大な事務処理に負われることになるのだと思います。

金作原のマングローブ林を県弁護士会会長とカヤックで探索（筆者は右から2番目）

2　また、土地の境界が不明のまま長期間放置されていたり、遠隔地で勝手に養子縁組届けがなされていたが、管轄の関係で戸籍を訂正できずにずっと悩んでいたり、あるいは東京に嫁いだ女性が別居して地方に戻ったが、離婚調停の管轄が認められずに困っていたりと、弁護士が身近にいないことによる住民の困惑は、枚挙に暇がない状況です。

　これらは、新人弁護士でも十分に対応できる事件なのですが、弁護士がいない地域では、それさえも泣き寝入りするしかなかったのです。法の支配があらゆる地域で実現されるようにしていくことは、私たち弁護士の重要な使命であると思います。経験豊富でなくても、一生懸命に頑張りさえすれば、こうした重大な使命を果たすことができるというのも、公設事務所弁護士のやりがいの一つだと思います。

3　弁護士過疎地域では、ほかに職務を代わってくれる弁護士がいないわけですから、大量の事件を迅速に処理することが重要になってきます。私の場合、昼間は法律相談や法廷やらで駆け回っているため、夕方以降が集中して書面等を作成する時間となります。事務局の事務処理が停滞するのを防ぐために、法律相談は原則として一日最大4件まで、電話応対は午前9時30

分から午後4時までとして、それ以外の時間帯は留守番電話に切り替えてしまいます。また、事務局の残業はすべて廃止して、午後5時以降は私の起案専用の環境を作り出しています。土日には地方の文化に触れるために仕事を離れたい私は、平日の夜にすべての仕事を処理しますので、どうしても残業は深夜に及び、時には明け方近くまで机に向かうこともあります。

　また、国選弁護事件や当番弁護事件も断ることは難しい状況なので、夜、車で1時間かかる警察署まで接見に向かうことも珍しくありません。特に当番などの緊急の要請においては、かなり体力的にきついときもあります。


4　また、最近では、暴力追放県民大会が鹿屋で行われ、その際、約600人の市民を前に講演をするようにとの県弁護士会からの依頼を受けました。まだ経験の浅い私には、少し荷が重かったのですが、県弁護士会の民暴委員会に所属していたことや、鹿屋在住の弁護士の立場から話をして欲しいとの要請を受けて、僭越ながら、講演を引き受けました。これも、弁護士過疎地域における公設弁護士の一つの役目なのだと思います。


5　ほかにも、鹿児島県や鹿屋市、さらには近隣の市町村等の主催する法律相談会からも、相談員として依頼がきます。最初は、何もわざわざ市役所等で私が相談を受けなくても、事務所に来ていただいて相談を受ければ同じことではないかとも考えておりました。しかし最近では、単に弁護士が個々の相談に応じるというだけではなく、市町村等の公共団体や他の公的機関においても、人権・権利の救済のための窓口が存在していること、それに対する市民の信頼が生まれること、それらを通じて、地域全体に、人権意識・法治国家の思想が根付くことこそが実は重要なのではなかろうかと考え、私自身の中では、これらの仕事も公設弁護士の重要な使命の一つであろうと位置づけています。


6　加えて、これも公設弁護士の使命の一つなのかもしれませんが、いた

るところから、原稿執筆依頼や写真送付依頼、さらには研究会等での簡単な報告等の依頼が後を絶ちません。公設事務所の存在意義を認識してもらい、特に、新たな公設事務所赴任希望者に公設事務所の実情を知ってもらうためには、とても大切なことだと思います。

　私の場合、仕事の事件数が極めて多いこと、残業がほぼ毎日深夜に及ぶことなど、仕事がかなりきついという点についても真実をそのままお伝えしますが、他方、地方での楽しみについても、「彼は、少し遊びすぎではないか」との予想されるご批判をおそれずに、こちらもすべて正直にお話しするようにしています。要するに、仕事も体力勝負の苦労は多いが、その分、思う存分楽しむことも可能であるという公設弁護士の実態をお伝えするようにしています。

　7　このように説明してくると、何でも一人でこなしているかのように聞こえてしまうかもしれませんが、弁護士経験の浅い私の場合、どんなに一生懸命に頑張っても、どうしても事件解決の方向性が見えなかったり、あるいは解決方法について迷ってしまうことも少なくありません。そういうときは、それ以上一人で考えてもあまり進展がないので、諸先生方や同期の仲間に相談するようにしています。私の場合、東京の協力事務所のボスが、昼夜を問わず携帯電話で質問に応じてくださるので、ご迷惑とは思いながらも、いつも助けを求めています。時には、酒に酔ってご機嫌状態のボスに電話をしてしまうこともありますが、それでも、鹿屋の住民のためと思い、遠慮なくご指導を仰ぐことにしております。やはり、期の若い弁護士が公設事務所に赴任する場合には、どのような形であれ、必ず、相談できるベテラン弁護士の先生をつかまえておくことは不可欠であると思います。東京にいるときとは違って、身近に指導弁護士がいないわけですから、電話やメールを使って相談できる弁護士がいないと、完全に独断に陥ってしまうおそれさえあるわけです。さらに、私は、同期の仲間に電話で相談してみたり、また、鹿児島県弁護士会の諸先生方にも、遠慮なく相談させていただくようにしています。

加えて、鹿屋支部の裁判官のみならず書記官、検察官や検察事務官など、およそ情報を入手できそうなところには、すべて遠慮なく質問をさせていただいております。

　いずれにしても公設事務所弁護士にとって重要なことは、自分の能力をよく認識して、わからないところはどこなのかを見極め、自分で書籍やインターネット等で調査できない部分については、遠慮なくその知識・能力を持っている方に質問して教えていただく、という姿勢を持つことなのではないかと考えています。

## 4　鹿屋の風土、文化

### 1　かつての特攻隊基地の所在地

　鹿屋は、太平洋戦争末期の特攻隊基地があった地域として、鹿児島県では知覧と並んで有名な場所です。海上自衛隊航空基地内には、特攻隊に関する資料が展示されていますが、知覧の特攻記念館とは異なり、自衛隊基地内部にあることもあってか、両者の趣には違いがあります。鹿屋でも、現在では、特攻隊に関する話題が出ることはほとんどありませんが、高齢者の方にそれとなく話を聞いてみると、過去の思い出話を重い口調で語ってくれる方もいます。戦争を体験した方の中には、一度は知覧の特攻記念館に行かねばならないと思っているが、一歩足を踏み入れると涙が止まらなくなってしまい、いまだに記念館の中の手紙や遺品等はほとんど見たことがない、という方もいらっしゃいました。

　私の自宅のすぐそばの高台には、自衛隊基地を一望できる場所に、特攻隊慰霊塔が建立されています。

### 2　芋焼酎の文化

　鹿児島において、最近話題を集めているのが、何と言っても手作りの芋焼酎だと思います。芋焼酎は、本来、1升瓶でも1本3,000～4,000円で購入で

きる大衆向けの酒なのですが、東京の酒屋では、その希少性から、1本数万円の値がついているものも見かけます。森伊蔵、魔王、佐藤、萬膳、富の宝山、海などの芋焼酎の銘柄を聞いたことがあると思いますが、これらはすべて、鹿児島県で生産されています。そして、主な原料となる「黄金千貫」という薩摩芋は、鹿屋近辺の南薩地区で生産されています。私も、地元の有名酒蔵をいくつか見学させていただきましたが、プレミアムが付くような芋焼酎にあっては、まず、芋生産農家の方が、特定の杜氏のために、特に注意して高品質の芋を生産します。そして、これを受け取った杜氏は、その全精力を傾けて、小さな蔵にこもり、昼夜を問わず、数時間おきに米を手でかき混ぜながら米麹を育て、大きな甕で厳選された米麹と芋を混ぜ合わせて、まさに手作り甕仕込の手法で希少な芋焼酎を作るのです。仮に同じ原料を使ったとしても、蔵に住み着く微生物の種類、気温や湿気等環境の違い、杜氏たちの微妙に異なる技術と勘の差異などによって、同じ味わいの焼酎は決して作れないそうです。蔵の数だけ芋焼酎の種類が存在するというわけです。

　全国的なブームの真っただ中にあるにもかかわらず、杜氏や製造会社の社長たちは、「我々は、昔ながらの焼酎を作る職人であり、伝統を引き継いで本物の芋焼酎を作り、おいしく飲んでもらいたいだけ。プレミアム付きで高値で取引きされていることは、あまりうれしいことではない」と語り、謙虚ながらも最高の品を目指す職人魂を感じる方が多い。実際、蔵を見学に行っても、「販売は、ブローカーの手に渡らないように徹底した管理がなされており、お土産に差し上げる品さえもないのです」とのこと。これを入手するためには、酒蔵と信頼関係によって結ばれた限られた酒屋に行って購入するしかないのです。

　酒蔵の中には、ブームに乗って一儲けを考え、芋は海外から大量に輸入し、製造は機械で大量生産して、「薩摩芋焼酎」と銘打って、大都市圏に販売しているところも出てきたようですが、現在の芋焼酎ブームを巻き起こしたのは、まぎれもなく、手作りで丹念にこだわりの逸品を作り続けてきた酒蔵なのです。

### 3　大隅黒毛和牛、黒豚、地鶏、鮮魚などの　食材

　鹿児島は、焼酎以外にも、たくさんの食材があります。たとえば、大隅黒毛和牛。この地で生まれ育った子牛が、日本の有名な牛肉の産地に送られて、各地の名産牛になることも多いそうです。鹿屋でも、安価な輸入牛肉を提供するレストランは多いですが、少しだけ高い値段を覚悟すれば、簡単においしい牛肉が食べられます。その他、黒豚、地鶏も有名で、おいしい食材に事欠くことはありません。

　また、魚についても、たとえば、アジやタイの刺身が食べたければ、朝のうちにレストランのマスターに電話を入れておけば、夕方には漁師が釣ってきたばかりの魚が届き、その場でさばいたばかりの鮮魚を食べられるのです。このように、地方のおいしい食の文化を味わうことができるのも、公設弁護士の魅力の一つだと思います。


### 4　海と島（近くのプライベートビーチへ。屋久島、奄美大島へ）

　鹿児島といえば、桜島や霧島の温泉も有名ですが、鹿屋近辺にも、青く透き通った海のビーチがあり、ほとんど独占状態でモーターボートに乗ったり、シュノーケリングを楽しんだりできます。運がよければイルカの大群にも遭遇できるとのことであり、ごく身近に、鹿児島の大自然を堪能できる環境があります。

　また、最近では何と言っても屋久島の縄文杉が有名です。屋久島は、誰しも一度は訪れてみたい神秘の島ですが、縄文杉までは、トロッコ道と登山道を自らの足で往復約10時間も歩かなければならないため、鹿児島に住んでいてもなかなか縄文杉にはお目にかかれません。ましてや、ひと月に35日雨が降ると言われるこの島で、晴天に恵まれての登山はかなりの幸運も必要となります。私の場合、東京の協力事務所との合同事務所旅行と称して、登山の前後泊での縄文杉ツアーを企画しました。不運にも数日前から大型台風が発生し、出発前日までの天気予報によれば、台風直撃のため、登山どころかフェリーで屋久島に渡ることさえ不可能かと思われました。

　ところが、出発直前になって突然、台風が進路を変えてくれたため、台風

一過の晴天に恵まれて最高のコンディションの中で縄文杉に出会うことができました。総勢10名のグループで、往復10時間以上もかかりましたが、思い出に残る登山となりました。鹿児島の大自然が公設弁護士を歓迎してくれたのだろうと、勝手な解釈をしております。

さらに、鹿児島県の島といえば、本土復帰50周年を迎えた奄美大島があります。鹿児島の先生と一緒に島に渡り、大型クルーザーを貸切りで、加計呂麻島付近の島めぐりをして、珊瑚と熱帯魚の青い海でシュノーケリングを楽しみました。また、金作原のマングローブ林をカヤックで探索し、奄美の大自然を堪能しました。

これらの話はまだまだありますが、大都市圏では信じられないような楽しみが、ごく自然に、望みさえすれば簡単に味わえるという点は、公設事務所の最大の魅力かもしれません。

(鹿児島弁護士会所属)

〔追記〕

おかげ様で、2007(平成19)年11月14日をもちまして、4年間の任期満了(予定より2年延長)となり、東京の事務所に戻ることになりました。この4年間の生活で、たくさんの仲間ができ、鹿児島は私にとっての第二の故郷になりました。また、ここでの経験から、将来は地方の活性化のために役立ちたいと考えるようになり、東京に戻ってからは弁護士業務の傍ら、大学院において「地方分権と地域再生」のマネジメントを研究することにしました。公設事務所での経験は、私にとってとても貴重なものとなりました。

お世話になった多くの皆様に、心より御礼申し上げます。ありがとうございました。

◎事務所へのアクセス
・鉄道駅なし
・鹿児島空港から、大隅交通バス鹿屋バスセンター下車(約100分)、事務所まで徒歩10分
・JR鹿児島中央駅から車(自家用車)とフェリーを使って約100分

三重県熊野市
## 熊野ひまわり基金法律事務所

池田慶子 Ikeda Yoshiko

# 凡事徹底

**所在地**：三重県熊野市井戸町366-2
**電話**：0597-88-2100
**創立年月**：2002年（平成14）年6月
**任期**：2004年6月～2006年6月
**現在の所長**：田辺美紀
**弁護士数**：1名
**事務職員数**：3名
**営業日**：平日
**営業時間**：午前9時から午後6時まで
**法律相談の事前予約の要否**：必要
**裁判所管轄**：津地方裁判所熊野支部
（2007年9月末現在）

## 1　次第に客層が拡大

　当事務所は2004（平成16）年3月1日に引継の形で設立いたしました[*]。また、任期中は受任事件にも恵まれ、経営も順調に行いました。そのため、開設・運営ともに、日弁連からの給付を受けず、自己責任で経営を行いました。

　受任件数は引継から2004年11月3日までの8カ月3日間で、クレサラ91件（関連事件除く）、一般民事71件（関連事件すなわち過払金返還請求訴訟事件および業者からの貸金返還請求訴訟事件で実質的応訴事件含む）、刑事事件32件（被告人単位である。追起訴はカウントしていない。被疑者段階から被告人まで連続して受任した場合には1件としてカウントしている。うち私選3件、私選のうち少年1件）、合計194件です。

　このほか当番13件、相談件数354件（当然、顧客打ち合わせはカウントせず）です。祝日である本日（11月3日）にも相談が1件入りました。内容は通行地役権です。

　開設から4カ月は全くの無休状態であり、月あたり労働時間は450時間を超えましたが、現在は月2、3日は半休ないし丸1日休めるようになりました。相談にも最長2週間程度かかっていましたが、現在は、2、3日以内に対応しております。クレサラは原則即日対応です。受任制限はしておらず、事務員たちのレベルアップによる業務改善です。鵜飼い（事務員たち）の鵜（私）のように、延々と受任を続ける毎日です。

　仕事内容としては、開設当初は国選事件や扶助事件の割合が高かったものの、次第に客層が拡大しております。

　事務員は、正社員1名とパート1名です。正社員を2月に、パートを4月に採用しました。2人とも温厚な人柄で優秀なので、大変助かっております。

　　　＊その後の事情変更として、解説費援助申請を取下げました。したがって、約600万円につきまして、自らの責任において支出しました。運営費援助も受けておりません。したがいまして、経済的には、一般的な事務所と同じ、自己責任の経営を行いました。

熊野ひまわり基金法律事務所

## 2 熊野周辺のご紹介──歴史の堪能できる地方都市

　熊野ひまわり基金法律事務所の設置された熊野市は、三重県南部に位置し、自然美あふれるまちで、イザナミノミコトの祭祀遺跡にみるように古代文化のさきがけをなしています。そのため、数々の伝統行事が各地に残っており、四季を通じてさまざまな文化の伝承を楽しむことができます。熊野古道が今年世界遺産に登録されたことは記憶に新しく、最近観光客が増えております。

　北西部は、標高500メートルを超える山々が縦横に連なり、奈良県および尾鷲市に接し、東南部は黒潮おどる熊野灘に面してリアス式海岸と白砂青松の変化に富んだ景観に恵まれています。産業面においては、過疎化と人口減少の中、温暖多雨な地形と市の面積の85パーセントが山林であることから、古くから良質の木材生産地として知られています。また、天然の良港と漁場に恵まれ漁業が盛んです。農業では、温暖な気候に育まれたみかん栽培が盛んで、この地域の特産品となっています。

　また、熊野支部管内には、その他、尾鷲市、北牟婁郡海山町、北牟婁郡紀伊長島町、南牟婁郡紀宝町、南牟婁郡鵜殿村等々、周辺の市町村がありますが、これらの地域も林業が盛んで、熊野古道により深い歴史でつながっております。なお、海山町の鳥は「ウミウ」で、ウ科の鳥の中でも一番大型の渡り鳥です。いろいろな意味で現在の私の状況に近く、妙に親近感を覚えます。

　しかし、近くには温泉は少なく、泉質のいい日帰り温泉となると和歌山県に行かざるを得ません。電車で1時間程度の紀伊勝浦「海のホテル一の滝」は温泉100選にも選ばれた名湯です。

## 3 当地での暮らし

　自宅と職場の往復の毎日ですが、仕事が楽しいので疲れません。土日に回した出張の折に、温泉に入ったりもします。都会にいたときと比べれば全く

湯ノ口温泉名物トロッコ電車

疲れません。仕事の環境は恵まれており、当地の人たちの善良な人柄や良好な自然環境にも癒されています。

15年来の付合いである配偶者と遠く離れて暮らしていますので、携帯メールは欠かせません。携帯メールで毎日欠かさずお互いに連絡を取り合い、お互いの仕事や体調を気遣っています。もちろん、仕事にも使います。

## 4 当地での仕事

### 1 事務員

てきぱきと仕事をこなす優秀な事務員たちのおかげで、驚異的な受任件数でありながら適切な事件処理を行っています。

正社員はあまりにも優秀なため、各方面から相当な「引き」がきており、熊野に残していけるかどうか、微妙なところです。さらに、この事務員を当地に引き留めているのが、当地の裁判官です（悲しいかな、私には「引き」も引き留めもあまりありません）。

効率ばかりを追い求めがちな小事務所の潤滑油となっているのがパートさんです。こちらも優秀でありながら控えめで、お子さんも賢くかわいらしい。

熊野ひまわり基金法律事務所　159

## 2　クレジットサラ金関係

当地では貸金業者が甘やかされている。広告などは自主規制されているのですが、それ以外の部分で甘やかされています。例えば、弁護士介入後の直接取り立てについて行政処分申告しても、電話注意で終わってしまうなど。私がしつこく行政処分申告するので、最近は和歌山のアプリコ以外収まってきましたけれども。

借金苦の自殺や財産犯も多い。お金の方が命よりも大切というのは、とても悲しいことです。

そこで、無料でクレサラ処理に関する記事を地元新聞に載せたり、クレサラ相談を無料で応じたりしています。

国選事件で借金苦が動機となった事件を受任すると、「なぜ私がもっと積極的にクレサラ問題について市民教育しなかったか」と後悔にさいなまれます。

## 3　DV

夫婦間暴力が都会よりも目につきます。夫は理知的な地元の名士タイプが多く、今まで表沙汰になることは少なかったようです。

残念ながら今まで弁護士による二次被害も発生していた模様です。地元警察と連携し、迅速な犯罪被害者対応にあたっておりますが、普通のことをしているだけなのに被害者・警察から感謝され、かえって非常に複雑な心境になります。

## 4　事件内容

経営基盤となる事件としては、ここ2カ月ほど客層が広がり、私選弁護や一般民事事件（扶助ではない）のウエートが高まっています。

## 5　事件処理

クレサラに関しては三会基準厳守である。そもそも、任意整理で処理しよ

事務所から10分も歩くと美しい海岸にでる（撮影／編集部）

うとすると、原資の関係から三会基準によらざるを得ず、基準作成者の債務整理に対する深い造詣には畏敬の念を抱かざるを得ない。他方で、預り金口座からの自動引き落とし手続によって履行の確実性を高め、債権者の信用を勝ち得ている。

　一般民事事件に関しては徹底的に関係者の話を聞き、現場を確認し、証拠を固め、法令判例を調査し、専門家の意見を伺うことを欠かさないよう努めている（依頼人から遠慮気味に要求がきたときには、決して握りつぶさない）。

　刑事事件に関しては、「同意できる書証は少ない」のポリシーのもと書証を吟味している。執行猶予事案か否かを問わず、被害弁償交渉は当然行う。さらに、無罪主張や勾留取消請求、一号観護措置の意見書提出などを行っている。当地の裁判官は身柄拘束の必要性を丁寧に判断されていらっしゃること、検察官も不要な身柄拘束をしない理知的な方であることから、保釈決定、勾留取消決定、一号観護措置決定がなされることがある。国選当番は、共犯事件や、民事で利益相反の問題が生じていない限り、ほぼ全件当職が受任している（特に国選に関しては、異常な受任件数ではある）。

　支援委員会、三重弁護士会執行部、東京時代の恩師的弁護士、元同僚弁護

士、裁判所、検察庁、法務局、警察、市役所、依頼人（！）などに、当職の力不足から不明の点を問い合わせますと、非常に親切に教示して下さいます。感謝にたえません。

## 5 ひまわり基金法律事務所に関する私見

### 1 社会正義の実現のためのプロボノ活動

弁護士過疎地域においては、都会では信じがたい無法がまかり通っています。したがって、弁護士過疎地域に弁護士（ことに、扶助事件や国選事件に積極的な若手弁護士）を誘導する必要性は高いと考えます。

ひまわり基金法律事務所は、弁護士過疎地域におけるリーガルサービス充実という社会正義の実現のためのプロボノ活動の最たるものです。そして、プロボノ活動は赤字であって当然と考えます。「赤字事業に手出しした」という批判に対しては、「それは批判にあたらない」という見解を持っております。

弁護士が尊敬されているのは、社会正義の実現を担っているためであって、お金持ちだからではないと思います。

### 2 引継問題

特に引継問題について、派遣弁護士に過大な経済的、精神的、肉体的負担をかける見解もあるようですが、これには同意しかねます。現時点でも、派遣弁護士自身が最も経済的等負担を担っていることが余り知られていないことに心を痛めます。

ただし、開設後ないし引継後の経営不振に対して、どこまでひまわり基金法律事務所から支出するかは、慎重に検討しなければなりません。基本的には弁護士事務所経営は弁護士の自己責任だからです。

経営不振とまでは行かなくても、収益性が低い事務所は、次の要因をチェックすべきです。

① 派遣弁護士の前所属事務所の事件が、紹介案件のみではなかったでしょうか。ひまわり基金法律事務所の場合、飛び込みの依頼人ばかりですので、紹介案件とはかなり様相が違います。

② 例えば、一括前払いを当然と考えていないでしょうか。扶助、分割払い、後払い、過払金からの弁護士費用の支弁などが主となります。この点、紹介案件とは全く違います。

③ 親切な依頼人が多いので、お花、手作りの干物、市場に出せないミカンを持ってきてくれます。事務員も、畑でとれた物や、市場で交換した果物をくれます。弁護士の沽券とか言い出すときりがないのですが、そうでなければ飢え死にすることはありません。②をさらに推し進めて、現金収入にこだわってはいけません。

④ また、顧問契約が禁止されているため、安定収入はありません。このことに留意されているでしょうか。クレサラの分割払いが顧問料収入に代わりそうではありますが、なかなか細くて切れやすい糸です。

⑤ 仕事を選んではいないでしょうか。私の場合、困難な事案であっても、依頼人に十分なリスク説明をし、それでも依頼人が弁護士の選任を真摯に望んでいらっしゃるならば、受任します。

⑥ 企業法務中心の事務所から派遣された弁護士の場合、つまらないプライドで、個人事件をなめていないでしょうか。個人事件の受任件数が少ない方の場合、派遣前にレベルの高い事務所で実地の研修を受けるべきです。

3 派遣弁護士のオーバーワーク

これについては、細心の注意が必要と考えます。「安くて難解な事件の受け皿」という誤解(都市型公設事務所に対する誤解と同じ)があると、派遣弁護士も一弁護士ですから、心身共に疲弊します。

## 6　都市型公設についての私見

　私が都市型公設事務所出身であるため、来訪者や講演会の折に都市型公設事務所についての意見を求められることがあまりにも多いのですが、はっきり言うと角が立つので、マザー＝テレサのお言葉をお借りしたいと思います。

　①　貧しくなりたいと願って、貧しい人と同じような生活をしながら、同時に高価な物を捨てきれないでいる人々がいます。これは、贅沢としか言いようがありません。二つの世界の一番良いところを両方とも味わおうとしているのですから。

　②　1984年に来日されたマザー＝テレサに対し、その公演に感動した学生がカルカッタにボランティアとして参加したいと伝えたところ、
　「わざわざカルカッタまでこなくても、あなた方の周辺のカルカッタで働く人になって下さい」（マザー＝テレサ、渡辺和子訳『愛と祈りの言葉』PHP文庫）。

## 7　キャピックについての私見

　キャピックとは、刑務所で製作した製品（刑務所作業製品）のブランド名です。矯正協会刑務作業協力事業の英訳（Correctional Association Prison Industry Cooperation）の頭文字をとったものです。「安くて品質の良い」商品であるため、私も愛用しています。例えば、52円の便せんを、被疑者・被告人の反省文用に差し入れています。また、三重県の名所の写真が表紙になった便せんも、事務所来訪者にプレゼントすると喜ばれます。家庭内では、紳士靴を主人が愛用しておりますし、味噌、醤油、粉石鹸（合成洗剤ではない）なども購入しております。家具もしっかりしています。ただ、婦人靴の種類が少なかったり、妙に流行遅れなのが気になります。ちょっと提案したいデザインなどもあるのですが……。

　このキャピック製品を官公庁や弁護士事務所、心ある民間企業が広く利用

し、その収益を国選費用や犯罪被害者対策に充てれば相当豊かな財源ができると思います。数がまとまれば発注も可能と思われます（個人的には、国選報酬は30万円程度が適正水準と考えております。これでも私選の2分の1から3分の1程度であって十分な額とは言えませんが、まして現状の報酬では国選弁護人の質・量とも確保が困難です。先般国選報酬が減額されましたが、正気のさたとは思われません。報酬の適正化と、弁護士側の業務改善問題を、リンクさせるべきと考えております）。

キャピックホームページ　http://www.e-capic.com/capic.htm（当時）

ホームページ上でネットショッピングもできますが、品数が少ないのが難点です。

## 8　最後に、「凡事徹底」

「掃除の達人」鍵山秀三郎さんの『凡事徹底』（致知出版社）は当事務所の標語として掲げさせて頂いております。

これは、平凡なことをこつこつと徹底しましょう、という趣旨の言葉です。

現在、経営難の会社が多く、法律事務所も例外ではありませんが、起死回生の鍵がこの本にあると思われます。少年事件の少年にも読ませている本ですが、教育効果は高いようです。

（当時、三重弁護士会所属。現在、第二東京弁護士会所属）

◎事務所へのアクセス
・JR紀勢本線熊野市駅より徒歩20分、タクシー5分

北海道留萌市
## 留萌ひまわり基金法律事務所

大谷和広 Ootani Kazuhiro

# 北海道のためにできることは

「ひまわり」の種を留萌に

**所在地**：〒077—0042　北海道留萌市開運町2-4-1センチュリービル2階
**電話**：0164-42-3341
**創立年月**：2004（平成16）年2月
**任期**：2004年2月〜2006年5月
**現在の所長**：足立敬太
**弁護士数**：1名
**事務職員数**：3名
**営業日**：平日
**営業時間**：午前9時から午後5時まで
**法律相談の事前予約の要否**：必要
**裁判所管轄**：旭川地方裁判所留萌支部
　　　　　　（2007年9月末現在）

## 1　はじめに

　私は留萌ひまわり基金法律事務所を2004（平成16）年2月に開設しました。その開設前後の時期に、私が一番よく受けた質問は、
　「こんなところに弁護士事務所を立てて、儲かるのか？」
というものでした。

　こんなところという失礼な言い方をする人は、留萌管内に住む一般の方々です。日常生活の中で法律をあまり意識しない一般の方々にとって、留萌のような過疎地域になぜ弁護士事務所が必要なのか、ピンと来なかった面があるのかもしれません。

　そして、私が事務所を開設して、約1年が経過しました。事務所の1年間の総相談件数は約210件。うち受任事件数は、一般民事事件35件、債務整理68件、刑事事件13件。これは、他の公設事務所に比べて特別多くはありませんが、小規模事務所であれば、一応経営は成り立つ数字です。

　開設前後は、多くの皆さんにご心配をおかけしましたが、現在、留萌管内の多くの相談者・依頼者、そして関係者各位のご尽力のかいあって、なんとか事務所が成立しています。これは本当にありがたいことだと思います。

　最近では、「儲かるのか？」と疑問形で聞く人はほとんどいなくなりました。それに代わり、「身近で相談を聞いてもらえる場所ができてよかった」という感想を言っていただく機会も増えました。相談者のこの言葉を聞くたびに、思い切って留萌に赴任してよかったと実感します。

　開設して、まだわずか1年です。これからより多くの人が気軽に相談に来られる環境を作り、「ひまわり」の種を留萌に根づかせることができればいい、と思っています。

## 2　留萌という街

　留萌市は北海道の西北部、日本海側沿岸部にあります。札幌市から北部に

自動車を走らせて約2時間、旭川市から自動車で西北部に向かって約1時間30分程度の距離です。
　留萌市は、昭和初期に漁港が完成し、石炭の輸送のために鉄道が通ったことで発展しました。ただ基幹産業である漁業・鉱業・林業が徐々に衰退したため、現在は「役所で持っている街」と言われています（留萌市内の就業人口の20％以上が公務員だそうです）。
　行政区域としての留萌支庁は、留萌市のほか7つの町と1つの村があり、南端の増毛町から北端の幌延町まで約150キロメートル（自動車で約2時間30分）と広範囲にわたります。しかし留萌管内の総人口は昭和30年代の13万人がピークで、現在は約6万4,000人と、最盛期の2分の1以下まで減少しています。
　留萌市の人口は現在約2万8,000人。その周辺には、羽幌町約9,000人、増毛町約6,000人、小平町約4,000人など、人口1万人割れの町村が並んでおります。留萌支庁は、北海道の中でも、特に過疎化が深刻な地域といってよいでしょう。
　留萌市の気候の特徴は、冬季に吹く冷たい浜風です。12月から2月にかけて浜風は激しくなり、雪が横殴りに降りつけます。生粋の道産子である私にとっても、留萌の冬は寒く、厳しく感じられます。
　留萌の行楽行事は、気候の温暖な、短い夏季に集中します。留萌市内では、6月の「聖徳太子祭」、7月の「留萌神社祭」では小さな商店街に露店が立ち並び、普段とは異なった賑わいを見せます。8月には「るもい呑涛祭り」が開催され、国道に巨大なやん衆行灯の行列ができ、海岸沿いでは盛大に花火が打ち上げられます。海水浴も7月～8月がシーズンで、留萌市内の海岸には道内から多くの行楽客が訪れます。増毛町の「えび祭り」、天売焼尻島の「うに祭り」など、集客力の見込めるイベントも徐々に増えてきています。北竜町のひまわり畑、沼田町のホタルの里など近隣地域の観光名所にも自動車で1時間程度で行くことができます。

## 3 司法過疎

　もともと留萌市には旭川地家簡裁の支部があり、月に1～2回旭川の裁判官が出張して事件処理を行っていました。

　近年留萌支部に係属する自己破産事件は、年間100件弱ほどあったようです。刑事公判事件（在宅事件のみ）は十数件程度ですが、留萌・羽幌・天塩の各警察署からは年間十数件程度の当番弁護士派遣要請があります。従って留萌管内にも刑事・民事事件の需要は相当数存在したのですが、管内にはその需要に応える常駐弁護士が1人もいない状態が続いていました。

　そこで従来は旭川の弁護士が市役所の無料法律相談や当番弁護等に出張して、留萌管内の需要に応えていました。また、札幌の弁護士にも一定数の依頼が来ていたようです。しかし弁護士が半日かけて裁判手続や接見のために出張するのは効率が悪く、また留萌の人々が都市部の弁護士事務所にアクセスすることにも支障があるため、十分に需要に応えた法的サービスの提供はできていない状況でした。

　留萌市はこうした現状を踏まえ、2001年から公設事務所の誘致を推進してきました。しかし、適切な所長候補者がないまま、2年以上も開設が見送られ、弁護士不在の状態が続いていました。

## 4 留萌赴任の経緯

　私は2001年10月に司法修習を終え、札幌市の小黒芳朗法律事務所で約2年間勤務しました。同事務所は、私が勤務するまで長年弁護士1名で経営してきた個人事務所で、いわゆる公設派遣協力型の事務所ではありません。ただ私がいずれ独立を希望していたこともあり、小黒先生には私が開業したときに困らないよう、決め細やかな指導や配慮をしていただき、不便等を感じたことはありませんでした。

　また札幌弁護士会は当時の実働会員数300名以上の中規模会ですが、会員

間の連携が比較的密で、私も各種委員会活動等を通じてたくさんの先生と知り合うことができました。札幌は出身地で、現在の配偶者も札幌育ちであったため、当初札幌以外での開業は全く念頭にありませんでした。

公設事務所に応募したきっかけは、些細なことからでした。同期の弁護士との飲み会で、私の独立の話がきっかけで、事務所をどこに置くかが話題になりました。順当に札幌地裁周辺か、開発の進んでいるJR札幌駅前か、それとも賃料の安い市街地か。すると1人が、

「いや事務所を置くなら留萌がいい。あそこも、そろそろ公設の所長が決まらないとまずい。札幌で独立する前に留萌をなんとかしろ」。

この冗談めいた一言がきっかけで、半年後私が本当に留萌に赴任することになるのだから、人生何が待っているか分からないものです。

確かに、公設事務所であれば、開設費用の出費を抑えられるとともに、地域の顧客を寡占できるなど、経営面でのメリットはあります。札幌の賃事務所の賃料の高さにはうんざりさせられましたが、地方であれば賃料も比較的低く、毎月の固定経費を抑えられます。

信用と実績の少ない若手の勤務弁護士にとって、地方での開業を支援する公設事務所は、それなりに合理性のある制度だと思います。

もっとも、私の場合は、仮に公設事務所に赴任しても、任期が終了したら、札幌に戻って改めて事務所を作らなければなりません。札幌を2年間留守にし、顧客を失った状態で新規に事務所を開設するのは、経営上リスクがあります。周囲の先輩弁護士からも「このまま札幌で開業したほうが、君の将来のためによいのではないだろうか」というアドバイスをいただきました。

それでも、最終的に公設事務所への応募を決めたのは、自分が赴任することで、これまで棚上げにされてきた留萌の過疎問題が解決するのであれば、それは自分にとっても意義のある仕事であり、やりがいが感じられたからです。また留萌ではじめての弁護士として、都市部とは異なる相談者・依頼者を相手に仕事をしてみるのも面白いと思いました。

私の留萌赴任は、突然言い出したことであるために、周囲の人たちを驚か

せました。特に我がボス弁にとっては想定外の行動であったらしく、さまざまな面でご迷惑をおかけすることになりましたが、衝動的で思慮の浅いイソ弁を雇用してしまったことに運がなかったと考えていただいて、ご容赦いただければと、ひそかに思っています。

　こうして、2003年夏ごろに留萌赴任を決め、同年11月に支援委員会で正式承認されました。
　支援委員会と留萌市役所のバックアップのおかげで、正式承認から3か月で、事務所を開設することができました。事務所は留萌市内の旧商店街の中心に位置し、38坪とかなり広めです。事務員は、以前旭川の弁護士事務所で勤務し、結婚退職で留萌に転居した事務員を1名雇用しました（開設準備が円滑に進んだのは8割がた彼女の功績です）。
　この間、事務所開設準備のほか、札幌で受任していた個人事件の処理や、結婚の準備等も併行していたため、とにかくドタバタ忙しかったという記憶しかありません。

## 5　開設後の状況と課題

### 1　開設時の不安

　開設準備中、私が内心心配していたのは、今まで常駐弁護士がいなかった地域に事務所を立てて、本当に依頼者が来るのか、ということでした。留萌管内の人口や従来の相談件数から一応採算は取れるはずだという公式見解は聞かされていましたが、私自身は見通しが立たず、実際に業務を開始するまでは、経営が成り立つ確信が持てませんでした。
　開設当初の2004年2月・3月は、1日平均2件強の相談者が訪れ、一応問題はありませんでした。これは、新聞やテレビで公設事務所の開設が報道されたことが原因であると思います。
　ところが、3月末～4月上旬にかけて、突然相談の予約が途絶え、楽観

気味だった私と事務員をあわてさせました。おそらく公務員や会社員の転勤シーズンに当たり、多忙を極めるために、相談者がこの時期に相談を入れるのを避けたと思われます。

その後、4月～8月は相談数・受任事件数・収入とも落ち込み、支援委員に心労をかけましたが、9月以降はそれなりに回復しました。乱暴なまとめ方をすれば、春期・夏期は依頼者減、秋期・冬期は依頼者増となったようです。これは、土木建築業従事者など、冬季失業状態になる者が増え、債務整理の需要が高まることが原因のひとつかと推測します。

## 2　収入の多くを債務整理に依存

冒頭でも触れましたが、事務所での年間の相談件数は、平均すると1月あたり20件弱。民事・刑事を合わせた受任件数は1月平均10件弱。これは、弁護士1名、事務員1名の小規模事務所でも、それほど無理なく処理できる件数です。

留萌は経済が冷え込んでいるせいか、一般民事事件は比較的少額のものが多く、また刑事公判事件・被疑事件の依頼件数が少ないこともあって、収入の多くを債務整理に依存しています。

現在、事務所の相談者の多くは、まず裁判所留萌支部、市役所の無料法律相談、警察署、在来の司法書士事務所等を訪れ、そこで当事務所を紹介されて相談に来るケースが多数を占めています。これは、ひまわり基金法律事務所の認知度・浸透度がまだ十分でないこともあるのでしょうが、むしろ、法律事務所の相談が有料で、相談予約から実際の相談まで期間が空くために、より低コストで手軽な窓口の方に相談者の足が向くこと、が主な原因ではないかと考えています。

## 3　相談のニーズに適切に応えることの重要性

留萌で業務を1年間行って、特に感じるのは、相談のニーズに適切に応えることの重要性です。

たとえば、ヤミ金・架空請求等の悪質業者の被害が留萌でも急増しています。相談者は切羽詰まり、予約の電話なしに飛び込みで事務所を訪れます。こういう場合、「早く安心したい」というニーズがあるので、私もできるだけその場で相談を受けるようにしています。法律的な結論と今後の対策が分かるだけで、相談者は安心してくれるようです。

　また、債務者無資力で回収困難の場合や、簡単な離婚・相続事件の場合、相談者が自力で対応することが多くなります。この場合、自力で対処するのに必要な知恵（法律知識・交渉のコツ・調停の利用の仕方等）を会得してもらうために、できるだけ時間をかけて、中身の濃い相談をするよう心がけています。必要に応じて2度、3度と相談に来る方も増えています。

　留萌では、まだ「相談は無料」という意識があるようで、1回5,000円と聞くと相談予約を取りやめる人もいます。しかし、相談料だけで、今抱えている困りごとへの対処の糸口が見つかるなら、十分安上がりではないか、という気はします。今後市民にそういう考え方が浸透するよう、努力していきたいと思います。

## 6　現在の生活

　現在、留萌市内のマンションで妻と2人暮らしです。2005年6月に第一子誕生予定です。あえて過疎地に赴任するというわがままな選択をした私に、不平を言わず付いて来てくれた妻には、感謝しています。

　留萌では仕事がそれほど立て込んでいないこともあり、休日は妻とドライブに出かけます。留萌から南下して増毛方面に向かう日もあれば、北上して羽幌・天塩・天売焼尻島方面に行くときもあります。私は運転ができないので、運転は妻が行います。天気の日の日本海沿岸の道路はドライブに最適で、温泉や観光名所も豊富で、昨年の春から秋は時間が空く限り毎週のように出かけていました。

　もっとも、平日にできない遠隔地の被疑者接見や現地調査等を兼ねるなど、

レジャーが主目的でないドライブも多かったのが最大の難点ですが……。

## 7 現在の過疎地対策について思うこと

　北海道はまだ弁護士過疎地域が多く、たとえば、
①道東方面⇒網走・根室支庁
②道南方面⇒日高支庁
③道西方面⇒檜山・後志・胆振支庁
④道央方面⇒空知支庁
など、弁護士の数が十分でないと思われる場所は多数あります。
　そこで北海道弁護士会連合会及び各単位会でも、2004年に留萌・名寄の公設事務所を開設したのに続き、2005年に倶知安町（後志）、室蘭市（胆振）、静内町（日高）の各地にあいついで公設事務所を設置しました。いずれの所長も50期代の弁護士で、北海道に若い弁護士のマンパワーが供給されることは、北海道民である私にとってもうれしいことです。
　また札幌では、2003年から構想が進められていた「すずらん基金法律事務所」が本年開設することとなりました。これは道内各地で開設したひまわり基金法律事務所の所長候補者の育成及び派遣を目的とした弁護士法人です。北海道が道内の過疎地対策を自前の弁護士で行うための制度を作ったことは、歓迎すべきです。あとは、意欲をもってすずらん基金法律事務所に入所した新進弁護士が、過疎地でも1人で業務をこなせるように、一定期間にわたって指導・助言を行い、過疎地赴任後も孤立感を持たないように適切なサポートを行う体制を、十分整えてほしいと願っています。
　都市部へのアクセスが困難な過疎地であれば、法的サービスに対する住民の需要も、それだけ切実さを伴っているはずです。弁護士数が今後増加するのに、依然として弁護士事務所が大都市に偏在する傾向には、問題があるように感じます。北海道内の各弁護士会が、個々の若手弁護士の熱意に依存することなく、過疎地対策に今まで以上に積極的に取り組むことを、私は期待

しています。

(当時、旭川弁護士会所属。現在、札幌弁護士会所属)

〔追記〕
　留萌の事務所は、2006年5月に、元愛知県弁護士会所属の足立敬太先生に引継いでいただきました。あの留萌が、現在では、事務員を3名雇用しても仕事が追いつかないほど繁盛するとは！！　わずか3年半ほど前に留萌に蒔いた小さなひまわりの種が、足立先生のご尽力のおかげで、しっかり地面に根付いたことに感謝しています。
　私は2006年7月から、北海道苫小牧市で、個人事務所を開設しました。
　苫小牧市は人口17万人強。札幌地裁苫小牧支部の管内総人口は20万人弱です。しかし、弁護士事務所は、個人事務所4、弁護士法人支店1（2007年10月現在）のみ。1事務所あたりの人口は約4万人。ゼロワンの留萌とは異なるタイプの弁護士過疎地域といえます。
　北海道の過疎地対策はまだ始まったばかりです。一会員の立場から、今後も、司法過疎にわずかなりとも貢献できればよいと考えています。

◎事務所へのアクセス
・JR留萌駅から徒歩10分弱
・旭川ルート
　JR旭川駅から公共交通機関利用
　　(1)　JR　約1時間30分（旭川→深川〔乗換〕→留萌）
　　(2)　バス　約2時間（直行）。
　車両利用
　　(3)　旭川鷹栖インターより高速道（道央道、留萌道）約1時間30分
　　(4)　旭川空港から一般道で約2時間30分
・札幌ルート
　JR札幌駅から公共交通機関利用
　　(1)　JR　約2時間20分（札幌→深川〔乗換〕→留萌）
　　(2)　高速バス　夏季約2時間30分　冬季約3時間
　車両利用
　　(3)　約2時間15分から約2時間45分（高速道、一般道複数ルート有）

岩手県宮古市
## 宮古ひまわり基金法律事務所

田岡直博 Taoka Naohiro

# 弁護士の新しい可能性を切り開く
公設事務所のこれから

所在地：〒027-0077　岩手県宮古市舘合町1番2号
電話：0193-71-1217
創立年月：2004（平成16）年3月
弁護士数：1名
事務職員数：3名
営業日：平日
営業時間：午前9時から午後5時まで
法律相談の事前予約の要否：必要
裁判所管轄：地方裁判所支部名：盛岡地方裁判所宮古支部

（2007年9月末現在）

## 1 公設事務所を取り巻く環境

　ひまわり基金が誕生してから5年が経ち、法律相談センターは238か所、公設事務所は32か所を数えるまでになった。日弁連は会費を月額1,500円に増額して、さらに活動を展開する予定だという。例外はあるものの、ほとんどの公設事務所は経営的には十分な利益を出しており、運営費の援助を受けなくてもやっていけるまでに成長した。考えてみれば、これまで弁護士のいなかった地域の案件を独占できるのだから、経営的に成り立つのは当たり前のことで、そこから何をすべきかが問われる時代になってくるだろう。

　他方で、日本司法支援センター（法テラス）との関係が問題になっている。法務省の説明では、過疎地に拠点事務所を設置することも計画に入っているが、具体的なところはいまだ明らかではない。仮に拠点事務所が設置されるのだとすると、公設事務所との関係はどうなるのか。司法支援センターの事務所は地域司法の中核を担える組織になるのか。「関係機関との有機的なネットワーク」とは何を意味するのか。疑問は尽きないところである。

　しかし、具体的な計画が明らかでない段階であれこれと批判しても始まらない。むしろ、公設事務所の活動を通して、弁護士過疎地ではどのような役割が期待されているのか、弁護士にどのようなことができるのか、具体的なアイデアが提案されることが望ましい。私たち現場の弁護士には、そのような役割が期待されていると考えるべきだろう。

　これからの公設事務所はこうあるべきだなどと大風呂敷を広げるつもりはないが、現場の弁護士がどのような問題を抱え、どのような取り組みをしているのか、試行錯誤の過程をご報告したい。

## 2 公設事務所の直面している問題

### 1 岩手県の実情

　岩手県には57名の弁護士がいる。岩手県は北海道に次いで大きい都府県

で、四国四県に匹敵する面積がある（四国四県といっても実感がわかない人には、東京都・埼玉県・神奈川県・千葉県をあわせたよりも広いと説明している）。このような広い面積を管轄するため、盛岡地裁本庁のほかに6つの支部がある。一関、水沢、花巻、遠野、二戸、そして宮古である。弁護士の大半は盛岡に集中しているので、北上、花巻、遠野、二戸、宮古の5か所で公設事務所の募集をしている。そして、これまでに遠野、北上、宮古、花巻に公設事務所が開設され、今（2005）年、二戸にも開設されることが決まっている。全国的にみても、ひとつの県に5つの公設事務所がある都府県は岩手県だけである（熊本県も、2005年中に5つの公設事務所ができる予定と聞いている）。

### 2　裁判官の不足

宮古支部は、宮古市と下閉伊郡（しもへいぐん）の10万人あまりを管轄している。宮古支部の事件数は、民事事件が52件、刑事事件が26件。宮古簡裁になると、民事事件が229件、刑事事件が19件ということだ。もっともこれは昨年の数字であって、一昨年まではこの半分だったと聞いている。要するに宮古に公設事務所ができたので、民事事件が倍増したというのである。

ところが、このような膨大な事件数を処理するのに、宮古支部には裁判官が常駐していない。常駐していないどころか、隔週の2日間しか裁判官がいない。民事事件だけでなく、破産・再生、保全・執行までこなす支部長の超人的能力には感嘆するほかないが、そのために審理にしわ寄せがくることもある。たとえば、開廷時間を9時30分、17時30分とふつうでは考えられない時間に指定されたり、30分で申請している尋問を10分に制限されたりする。

さらに困ったことには、争いのある事件は本庁に回付されてしまうことがある。刑事の否認事件を審理しようとすると、長時間の尋問をするだけの時間がとれないので、本庁に回付するというのだ。刑事事件に限らず、民事事件でもおなじような問題が起きている。私の経験した事例では、宮古市に住

陸中海岸　浄土ヶ浜

んでいる住民同士の近隣紛争（囲繞地通行権）の訴訟が盛岡本庁で審理されたことがあった（盛岡本庁に訴訟提起されたのに対して、宮古支部に回付するよう求めたが、認められなかった）。

### 3　複雑な土地管轄

また、複雑な土地管轄が受任の障害になっている。沿岸部には、久慈簡裁（二戸支部）、宮古簡裁（宮古支部）、釜石簡裁（遠野支部）、大船渡簡裁（一関支部）と、4つの簡裁・支部がある。このように分断された背景には、かつての廃藩置県の影響も見られるが、利用者にとっては不便きわまりないものになっている。

たとえば、宮古には久慈から大船渡まで沿岸部全域から相談者が来るのだが、裁判になると出張するのに2時間かかるので、訴訟を断念せざるを得ないことがある。このような事態を解消するため、盛岡地裁は支部事件であっても本庁で受け付けてくれるというのだが、本庁まで2時間かかる宮古の弁護士としては「焼け石に水」の感は否めない。それに簡裁事件の場合には盛岡本庁に申し立てるわけにもいかない（簡裁の事物管轄が140万円に引きあげられたため、相当数の事件が簡裁管轄になった）。そのため、毎週のように、盛岡、久慈、釜石、遠野に出張せざるを得ない。これは相当な負担

である。

 4　遠隔地の接見

　刑事事件でも、似たような問題を抱えている。拘置所（少年刑務所）も鑑別所も盛岡にあるので、移監された場合には盛岡まで通わなければならない。拘置所の面会は日中に限られるので、公設事務所の弁護士にとっては大きな負担になる。そのため、合議事件や少年事件などの受任を躊躇せざるを得ないという悩みがある（実際には、盛岡地裁の刑事事件1件、少年事件3件を受任した）。

　ここでも盛岡地裁は気を利かせて、判決宣告まで警察署の留置場に留め置いてくれるという。宮古の弁護士としてはとても助かっているので、「代用監獄万歳」と言いたいところだが、刑事弁護センターの手前そんなことは言えない。また、自白事件の場合には留置場に留め置くことができても、否認事件など審理に時間のかかる場合、合議事件、少年事件など盛岡本庁で審理する場合には、どうしても拘置所に移監されてしまうことになる。理想的には拘置支所が設置されるべきだが、まだまだ夢の話である。

 5　公判裁判官の勾留関与

　また、勾留に関する処分を公判裁判官がおこなっている事例に遭遇したこともある。宮古支部では、支部長は勾留に関する処分は簡裁判事に任せる方針をとっているので問題は生じないのだが（簡裁判事がいないときは、保釈決定のために久慈簡裁まで書記官が出張することもあった）、遠野支部はそうではないらしい。

　遠野支部の刑事事件を担当した際、保釈請求を出したら「公判裁判官が保釈決定に関与しても異議はない」旨の上申書を書いて欲しいと言われ、やむなく提出したことがある。しかし、公判裁判官は勾留決定の段階から関与しているのだから、今さら上申書も何もあったものではない。予断排除禁止の原則に反するとして、憲法違反で上告したら破棄されるのではないかと心配

サンマを食べる筆者

になる。果たしてこのような違法状態を放置してよいものだろうか。

## 6 裁判所に対する要望

　もっとも、このような違法状態を改善するのに法令を変更する必要はない。代用監獄の問題を別にすれば、裁判所の運用を変えるだけで、大幅な改善が期待できる。勾留に関する処分を公判裁判官がおこなうのは問題外として、たとえば、宮古支部に裁判官を常駐させるだけで、審理の問題は大幅に改善されるはずである。土地管轄の問題は他の支部の事件でも宮古支部で受け付けるようにすればすむだろう（本庁と支部の事件配分は司法行政上の事務分配の問題なので、管轄違反にはならない）。国民に利用しやすい司法サービスを提供するという観点からすると、たまたま支部に裁判官がいないとか、土地管轄が違うといった理由で拒絶されてしまうのは、おかしなことだ。裁判所には、現在の司法制度が国民にとって利用しやすいものになっているかどうか、利用者の視点から考えていただきたいものである。

## 3 公設事務所の取り組み

### 1 公設事務所の現状

宮古の公設事務所は、昨（2004）年10か月で587人の相談を受けて、497件を受任した（当番弁護、債務整理に付随する訴訟事件などは除いた数字である）。事務所の相談のほかに、市役所や商工会議所の相談もあるので、これを含めると相談者数は640人にのぼる。営業日で平均すると、「1日3人の相談を受けて、2.5件受任している」計算になる。1年間の相談件数が500件を超えたのは、五所川原、十和田、遠野、北上の4事務所だけだというが、青森、岩手に集中しているのは偶然とは思われない。これまで北東北の住民がまったく司法サービスを受けられずに放置されていた矛盾がここに噴出しているように思われる。

実際、債務整理の相談件数は驚くべきものがある。相談者587人のうち債務整理の依頼者は418人で、70％を超える。これらの相談者の大半は、市役所、福祉事務所、クレサラ被害者の会、信用生協（岩手県には、消費者信用生活協同組合という、クレサラ相談を行っている生協がある）、などの紹介によるものである。つまり、これまで弁護士が不足していたために相談できずに困っていたクレサラの相談者が、一気に公設事務所に押し寄せて来ているのだ。

### 2 過払い金の返還

債務整理の相談を受けて驚いたのは、ほとんどの事案が過払いになっているということである。これまで弁護士に相談する機会がなかったので、取引期間が20年を超えることも希ではない。そのため、受任通知を出して、取引履歴の開示を受けて、訴訟提起するといった定型的な処理をするだけで、相当額の過払い金の返還が受けられる。

昨（2004）年の過払い金の総額を計算してみたところ、10か月で1億3,000万円の過払い金の返還を受けていることが判明した。おそらく全国的

にみても、1億円をこえる過払いを回収している弁護士は他にいないのではなかろうか。しかも、この金額は和解が成立したものに限定しているので、成立していないものも含めると2億円を超える可能性がある。

これまで利息制限法など知らずに真面目に利息を払ってきた相談者は喜んでくれる。商工ローンやシステム金融に攻撃されて、今にも倒産しそうだった中小企業も息を吹き返す。弁護士が一人来ただけで、地域に数億円の経済効果がもたらされるのである。地方自治体は工場を誘致するのもいいが、もっと積極的に弁護士を誘致することも考えてみるといい。

### 3　公設事務所の独自性

岩手県の沿岸部には、私の他にも3名の弁護士がいる（宮古市、釜石市、大船渡市に1名ずつ）。しかし、どうしても長い期間弁護士をやっていると、複雑な利害関係ができてしまうので、受けられない事件が増えてしまうようだ。そのため他の弁護士ではなくて、私に依頼したいという人が出てくる。もちろん地域に定着する弁護士も必要なのだが、公設事務所には独自のニーズが存在するように思われる。たとえば、私が宮古に来て最初に受けた事件は、市議会副議長に対する議員報酬の差押えであったが、これが地縁・血縁のある弁護士だったらば、おそらく受任できなかっただろう（この事件は、地元の新聞で大々的に報道された）。また、出資法違反の利率で商売をやっている暴力団の組長に内容証明を出したり、非弁の疑いのある「自称弁護士」や「金融業者」を告発したりというのは、身軽な公設事務所ならではの活動といえるだろう。

### 4　ネットワークの構築

日常業務以外では、関係機関とのネットワークを構築することに力を入れている。弁護士過疎地では、公設事務所ができたからといって、いきなり馴染みのない弁護士に相談しようと考える人はいない。やはり地域住民と距離の近い市役所、福祉事務所、社会福祉協議会の職員や民生委員に紹介しても

らうことが必要になる。そのため、私は積極的に講演や研修の企画を持ちかけて、継続的に意見交換や情報提供を行うように心がけている。

　また、関係機関とのネットワークが有効に機能するためには、適切な役割分担がなされることが重要である。すべてを弁護士が引き受けるのには限界があるから、関係機関にできるものはお願いするのがよい。たとえば、訪問販売・架空請求の相談は市役所の消費生活相談員に、賃金の未払いは労働基準監督署に、多重債務者のうち生活保護を受給できる人は福祉事務所に紹介することになる。ただ、相談窓口を紹介するだけでは「たらいまわし」になってしまうので、担当者に電話をかけて、適切な措置を講じてもらえるようにお願いしている。

　また、たとえば、債務整理の相談については、事前に市役所の消費生活相談員や信用生協の相談員に事情聴取してもらい、弁護士が受任するのが相当である案件をスクリーニングしてもらう。ひととおりの事情を聴取してもらい、必要書類を整理してもらってから、弁護士が相談を受けるようにしている。このように関係機関とのネットワークを活用することは、相談窓口を広げるだけでなく、業務の効率化という観点からも重要である。

## 5　行政への参画

　自治体の行政にも積極的に参画している。たとえば、これまで宮古にはDV被害者の相談機関がなかった。もちろん、公設事務所でも相談を受け付けているのだが、どうしても女性の専門相談員に相談したいというニーズは高いと思われた。そこで、私は宮古市の男女共生推進委員会の委員として、男女共同参画に関する総合的施設を設け、配偶者暴力相談支援センターの機能を持たせるべきだとの政策提言をおこなっている。

　委員会ではおおかたの支持を得ることができたので、今（2005）年4月から女性センター（正式名称は、男女共生推進センターとなりそうである）が発足することになりそうである。DV被害者相談が始まったあかつきには、弁護士による援助が必要なものは積極的に引き受けることで、センターの活

動を支援する予定である。このように法律の専門家として、積極的に参画することをつうじて、自治体の行政にも大きな影響を与えることができる。

### 6　住民に対する情報提供

地域住民に対する情報提供も積極的におこなっている。地方では、弁護士に相談したことがない人ばかりなので、弁護士に相談すべきかどうかも判断できないことが少なくない。そのため、事前にどんな相談が多いのか、どのような解決方法があるのか、費用はどのくらいかかるのかといった情報を提供する必要がある。

そこで、具体的には、広報誌を発行して、市役所、福祉事務所、公民館などに置いてもらうことを考えている。また、宮古市役所の相談窓口の担当者と意見交換したり、社会福祉協議会に働きかけるなどして、住民と直接接触することの多い民生委員に理解を深めてもらうように努めている。

### 7　会員に対する情報提供

地域住民とは別に、会員・司法修習生に対する情報提供もおこなっている。これまで公設事務所から積極的に情報発信する機会がなかったので、公設事務所に関心を持ってもらうために、毎月、メールマガジンを発行している。名付けて『月刊　ひまわり弁護士』である。私は「六法に載ってない法律講座」と名付けて、都道府県漁業調整規則などの特殊な法令の解説記事を連載している。

アワビの密漁はどのくらいの量刑になるのか、ふつうの弁護士は知らないだろうが、宮古では知っておいたほうがよい。これも『月刊　ひまわり弁護士』を呼んでいれば、心配なしというわけだ。将来的には、このメルマガの読者から、これからの公設事務所を担ってくれる弁護士が誕生することだろう。

8　公設事務所の法人化

　残された課題は、公設事務所の引き継ぎである。幸い司法修習生の間では、公設事務所と司法支援センターが就職先として人気を集めているというから、後任を確保する苦労はなくなりそうだが、技術的な問題は残されている。私は、交替型の公設事務所を安定的に運営するためには、公設事務所は法人化することが不可欠と考えている。

　公設事務所の法人化については、これまでにも議論はあった。しかし、公設事務所のすべてを法人化するとなるとおおがかりになるし、公設事務所の弁護士から反対意見もあるので、実現する見通しは立っていない。私もすべての公設事務所を法人化するのは、利益相反の問題もあって現実的でないと考えている。

　しかし、公設事務所単体の法人化となると話は別である。つまり、宮古ひまわり基金法律事務所単体で法人化すれば、什器・備品（リース契約を含む）を簡単に移転できるし、事務職員の雇用も安定する。とくに公設事務所を陰で日向で支えている事務職員の雇用を安定させることは、公設事務所の基盤を確固たるものにするために不可欠と考えられる。

## 4　公設事務所のこれから

　公設事務所ができたばかりの頃は、経営的に成り立つのかどうか不安の声もあった。しかし現在では、公設事務所が忙しすぎると心配することはあっても、収入面で心配することは全くなくなった。固定観念にとらわれていると「食えるか、食えないか」などという低次元の議論になってしまうが、単価が低いなら件数を増やせばすむだけのことである。単純に考えても、1件10万円の事件を500件受ければ5,000万円の利益が出るはずである。もちろん、将来にわたって安定的に大量受任が見込める保証はないが、それは東京などの都市部でも同じことだろう。公益事業だから赤字で当然だというのでなく、経営的に成り立つように創意工夫することこそ求められているように

思われる。

　ただ、経営的に成り立つだけでは公設事務所である意味がない。公設事務所は、ひまわり基金から支援を受けているのだから、個人事務所とは違うはずである。「公設」の名称にふさわしい公的な役割を果たすことが期待されているというべきだろう。本来的には国又は地方公共団体がになうべきだとする議論はそのとおりだが、日本司法支援センターが設置する拠点事務所がどのようなものになるのか、いまだに明らかになっていない。そうだとすれば、現場の弁護士が地域司法の中核となるモデルを積極的に提示し、これを司法支援センターの制度設計に反映させる努力がなされてしかるべきだろう。

　また、司法支援センターに期待するだけでなく、公設事務所をよりよい制度にしていく努力も必要である。地域司法を構想するにあたり、公設事務所か司法支援センターかという二者択一は適切ではない。全国的にみると、弁護士法人の従たる事務所を開設している例もあるし、地方に戻ってくる弁護士も増えている（岩手弁護士会は、昨〔2004〕年9名の新入会員があった）。公設事務所もひとつだけでなく、第二公設事務所を設置するという案も考えられるし、過疎地型公設事務所と都市型公設事務所の中間的なモデルも考えられるだろう。たとえば、公設事務所のある花巻には、全国に2か所しかない心神喪失者医療観察法の指定入院医療機関がある。心神喪失者医療観察法の施行後は、岩手弁護士会が入院患者の処遇改善請求、退院請求などの法的サポートをしなければならない。このような特定の問題に特化した公設事務所を設けることは、十分に考えられるように思われる（刑事事件については、すでに刑事専門公設事務所が開設されている）。

　構想は尽きないが、「公設事務所のこれから」に関する議論はまだ始まったばかりである。公設事務所は官僚的に運営される窮屈な制度になるかもしれないし、弁護士の新しい可能性を切り開く扉になるかもしれない。いずれの方向に進むかは、現場の弁護士の熱意と創意工夫にかかっていると言っても過言ではないだろう。この歴史的事業に関わることのできた幸運に感謝し、現状に甘んじることなく果敢に挑戦を続けたい。

(岩手弁護士会)

〔追記〕
　執筆当時から3年が過ぎ、公設事務所を取り巻く状況は大きく変わった。都市型公設事務所が各地に誕生し、過疎地型公設事務所は延べ80か所を数える。日本司法支援センター（法テラス）が業務を開始し、全国22か所に24名のスタッフ弁護士を配置している（うち、司法過疎対策業務対応のスタッフ弁護士は7名）。司法修習生向けのガイダンスには200名を超える参加者があり、「ひまわり弁護士」をモデルにしたテレビドラマも放映された。公設事務所に赴任することが物珍しく見られた当時とは、隔世の感がある。
　しかし、こうした時代だからこそ、「公設事務所のこれから」を展望することが求められているように思う。公設事務所は、もはや弁護士過疎地（地理的アクセス障害）を解消するためだけの制度ではない。現代の公設事務所は、（経済的アクセス障害等も含んだ）広くアクセス障害を解消することを目的としている。公設事務所は「正義へのアクセス（Access to Justice）」という理念にもとに統合され、より包括的な役割を果たすことが期待されているのである。各地で、こうした公設事務所の担い手となる「公益的弁護士（Public Interest Lawyer）」が誕生しつつある。多様な実践を通じて、「公益的弁護士」のモデルがより豊かな内容を持ったものになることを期待したい。

◎事務所へのアクセス
・JR盛岡駅から岩手県北バス106急行バス　宮古駅前停留所下車（約130分）　宮古駅停留所から徒歩約5分
・JR盛岡駅からJR山田線　JR宮古駅下車（約140分）　JR宮古駅から徒歩5分
・東北自動車道盛岡南ICから国道106号線を経由して車（自家用車）で約120分

石川県輪島市
## 輪島ひまわり法律事務所

平良卓也 Taira Takuya

# 奥能登の風に吹かれて二人三脚

**所在地**：石川県輪島市河井町15部1番地NTT輪島ビル1階
**電話**：0768-23-1545
**創立年月**：2004（平成16）年3月
**任期**：2004年3月〜2006年9月
**現在の所長**：中上勇輔
**弁護士数**：2名
**事務職員数**：3名
**営業日**：平日
**営業時間**：午前9時から午後5時30分まで
**法律相談の事前予約の要否**：必要
**裁判所管轄**：金沢地方裁判所輪島支部
（2007年9月末現在）

## 1　輪島ファーストインプレッション

　神社の境内に若者らに担がれた高さ数メートルもの輪島塗のキリコ（能登地方独特の灯籠）が怒号にも似た威勢のよいかけ声とともになだれ入ってくる。キリコが拝殿に奉納されるとき、その勢いはクライマックスを迎え、燃えさかる松明に照らされる中、キリコはものすごい勢いで引き回される。揺らめく松明のあかりと彼らの体からむんと立ち上る酒気を帯びたその熱気がなんとも幻想的で恍惚とした空間を作り出している。

　多くの過疎の町にあるように輪島では若者たちの多くは、高校を卒業すると同時に仕事を求めて故郷の地を出て行く。そんな若者たちが、この日ばかりは何をおいても、ということで仕事を休んでも輪島に戻ってくるのだという。お神酒の勢いも手伝い、都会でたまった鬱憤を晴らすかのようにエネルギーを爆発させる若者たちと、それを温かく穏やかな目で見守る地元の民。「いい町だ」と直感した。

　私が希望する赴任地を決めるため、初めて輪島を訪れたのは、偶然にもそんな8月の輪島大祭の夜のことだった。

## 2　輪島へのアクセス

　ここ石川県輪島市は、金沢から直線距離にして100キロメートル、日本海に突き出た能登半島の北辺に位置する山海の幸に恵まれた奥能登中核の町である。

　金沢から能登有料道路を走ること約1時間半。ここへたどり着くまでの行程は、海のち山、山、山、所により海、まれに集落、という風景である。穴水町で能登有料道路を降り、再び山間の道をひた走る。少しずつ日本の原風景ともいうべき美しい山里の集落がぽつぽつと現れ、30分ほどで輪島市の中心に着く。そう、能登半島は思いの外「長くて広い」のである。

　実に残念なことに、穴水～輪島間を結ぶのと鉄道は、2001年に廃線にな

っており、今も穴水から輪島へ向かう道から所々に見え隠れする単線の線路の跡が寂しくものどかな風情を誘っている（なお、さらに残念なことに穴水から富山湾側を珠洲まで結ぶのと鉄道も、2005年3月末で廃線になってしまった）。

　このような風情を楽しみながら長い半島をひた走るほど暇ではない方には、空の便がおすすめである。2003年に輪島市街地から車で20分ほどの距離に能登空港が完成し、1日2往復の羽田便により東京からのアクセスは格段によくなっている。冬は搭乗者に抽選でカニが当たったりするお楽しみもある。

## 3　輪島という風景

　輪島市は海と山に囲まれたこぢんまりとした静かな町である。
　市街地にある事務所からほんの100メートルほど、すぐ手の届きそうなところに「日本海」が広がっている。ということは、カニやアワビ、サザエなど新鮮な海の幸に恵まれているのは当たり前。加えて地物の野菜や天然の山菜もたまらなくおいしいことはうれしい発見であった。
　おばちゃんたちの「買うてくだあ」というのんびりした呼び声が飛び交う観光名所の輪島朝市は事務所から徒歩5分ほどの場所にあり、四季折々の山海の幸がいつでも手に入る（ただし、のんびりした人の良さそうなおばちゃんたちと思って油断していると、うっかりカニや干物を食べきれないほど買ってしまう羽目になったりするので注意が必要である）。
　そして輪島といえば忘れてはならないのが、かの有名な輪島塗である。一説には1000年前にさかのぼるという輪島塗は、完全な分業制になっており、木地、塗り、加飾（蒔絵や沈金）といくつもの工程を経て完成する独自の工法によって生まれる。そのため製品を完成させるまで、少なくとも20工程100以上もの手数を要するという高級品である。事務所の近所を歩いていると、職人長屋という風情で軒に「木地師」「塗師」などの看板が掛かってい

旧輪島駅

る家々をよく見かける。当然相談者にも輪島塗関係者も少なくない。輪島に住めば何かと身近に感じることのある輪島塗であるが、手間のかかる高級品のため、お値段はちっとも身近な感じがしない。しかし、せっかく輪島に来たからには、堅牢かつ優美で知られる輪島塗も何とか少しは集めておきたい。そこで、我々は専ら時折開かれる地元民向けの売り出しやイベントで掘り出し物をねらうことにしている（ただし、それでも我々庶民には十分に勇気の要る買い物である）。

　気候はというと、松本清張のせいなのか、どうも能登といえば太陽の出ない陰鬱なイメージがあるらしい。確かに、冬の輪島の名物には、「波の花」（気温が低く風の強い日に見られる現象で、海中の植物性プランクトンの粘液が白いクリーム状の泡となる）や、海に流れ落ちる10メートルほどの「垂水の滝」が激しい強風にあおられ海まで届かず霧状に舞い上がり飛散するという光景があったりすることからみても、厳しい寒さと風がキーワードである。しかし、気温自体は、ほとんど金沢市のそれと変わりはなく、市街地は積雪も多くはない。積もっては溶け積もっては溶け、という程度である。そもそもなかなか太陽にお目にかかれないのは冬だけのこと。春・秋のさわやかさは格別。夏は海水浴が楽しめるように一通り暑いことは暑いのであるが、窓を開けてさえおけば、夜はクーラーが必要がないほど気持ちのよい風

**輪島ひまわり法律事務所**

が通ってゆく（犯罪が日本で2番目に少ないらしい輪島では、窓を開けて寝ることなどへっちゃらである）。とにかく、都会と異なり輪島では季節が暦どおりに来る（そのことのなんとすばらしいことか）。そしてそれが、おいしい山海の幸を生み、堅牢かつ優美な輪島塗を生んでいるのである。

祭りが多いことも特徴の一つである。事務所のビルの隣には、能登半島でも由緒ある重蔵神社があり、四季を通してここで行事・祭りが行われている。冒頭に述べた輪島大祭も同神社で行われるものであるが、高さが10メートル余はあろうかというキリコが事務所の前を取り囲むように何台も連なった時の光景は圧巻であった。ちなみに重蔵神社の重蔵権現本殿には室町時代の大永4年（1524年）に作られた現存する最古の輪島塗である朱塗扉があるそうである。このように伝統的な行事だけでなく、カニ祭りや輪島塗の掘り出し市のような新しいイベントも多い。

能登半島には温泉も多い。現地調査が必要な案件があると、週末にドライブを兼ねて訪れ、その地の温泉で日帰り入浴をして帰ってくるという楽しみ方もできる。

## 4　裁判所のある風景

さて、観光案内が長くなったが、この輪島市（2006年2月1日に隣接する門前町と合併した）のほか、珠洲市、門前町、穴水町、能登町（なお、能登町は、2005年3月1日に能都町、内浦町、柳田村が合併して誕生した町である）といった奥能登地域を管轄とする金沢地裁輪島支部がある。管内人口は、約8万4,000名。輪島支部管内には、珠洲市内に独立簡裁、家裁出張所もある。地裁・簡裁裁判官が、各々週に2回、七尾支部からやって来る。

裁判所の入り口は、観光向けに整備された景観の町並みの一角にあるため、景観に配慮し、お椀をかたどった道標が立てられている。

## 5 ひまわり事務所のある風景

　この輪島支部管内では、十数年弁護士が不在のいわゆるゼロ地域であり、金沢弁護士会が輪島市の南隣の穴水町で週1回の法律相談センターを開催してきたが、長年のゼロ地域解消のため公設事務所の設置を決め、2004年3月10日に我々が事務所を開設した。

　事務所は、市内中心部にあるNTTビルの一階、かつてNTTの営業所があったスペースにある。そのため、輪島ひまわり基金法律事務所開設第一号の訪問客は、NTTの営業所と間違って入ってきた方だった。

裁判所の案内

　場所的には、裁判所まで徒歩1分、検察庁まで徒歩3分（なお、自宅は、検察庁の目の前）、郵便局は徒歩30秒、銀行も徒歩2分という基本的な業務の上では何とも恵まれた立地条件である。地元の商店街も朝市もすべて徒歩圏内であり、生活面でも不便を感じることはほとんどない。唯一の悩みは、お察しのとおり、「運動不足」である（おいしい物が多いとなれば、なおのこと太るしかないという感じである）。

　ただし、車で5分とかからない場所にスポーツジムや温水プールを備えた市営のこぎれいな施設があるし、海水浴はもちろんのことスキューバダイビングができるスポットや何と小さなスキー場も車で20分もかからない所にあるので、運動不足解消もその気にさえなれば特に難しいことではない。

## 6 公設事務所赴任のきっかけ

　さて、私がこのような公設事務所へ赴任することになった理由についても一応触れておかなければならない。

　そもそものきっかけは、たまたま修習前に出席する機会のあった1997年の日弁連の司法過疎地対策に関するシンポジウムである。何にでも首を突っ込みたがる性分の私は、話を聞いているうち、すっかりその気になってしまい、勢い余って「将来は公設事務所へ行く」などと勇ましい会場発言をしていたのである。

　ところがその後、修習生活を謳歌し、慌ただしいイソ弁生活に流されていく中、いつしか無責任にもそんなことはすっかり忘却のかなたとなっていた。

　そんな中、とある新聞の「公設事務所赴任に手を挙げる弁護士がいない」という記事が目に止まった。ひまわり基金が始まった当初は、今ほど若手が次々に手を挙げるという状況ではなかったのである。そこで、「おっと、そういえば」と、かつての勢い余った自分の発言を思い出し、責任感のようなものを感じたというわけである。

　結局のところ、理由らしきものを問うてみるとすれば、弁護士としていろいろなことにチャレンジしてみたいという単純な思いに尽きる気がする。まあ、そんなところである。

　問題は妻であった。当時はまだ結婚前だったのだが、一人で行くのはちと寂しい。できれば妻を伴って、と考えていた。妻は同期の弁護士であり、当時私とは別の事務所で勤務弁護士をし、妻なりに充実した弁護士生活を送っている様子であった。もともと一筋縄ではいかない性格の持ち主の妻に、その程度の理由で公設事務所に行きたいなどといっても相手にすらしてもらえないのではと案じつつ、思い切って「一緒に付いてきてくれる？」と尋ねてみた。「いいよ。別に。」気が抜けるほどあっさりした返事だった。その後あちこちで「大変な決断だったでしょう」と問われる度、妻は「いえ、別に。知らない土地で暮らすのも面白そうだったので」と答えているのをみると、

事務所内風景

どうも私以上に単純な理由だったようである。

まあ、夫婦ともどもこの程度のことである。

## 7　1年間を振り返って

　早いもので、当事務所も、2005年3月で、丸1年を迎えた。

　事務所での相談件数は、341件、うち受任事件は、一般民事事件69件、サラ・クレ64件、刑事国選28件、刑事私選1件、被疑者扶助2件、当番弁護士13件、裁判所依頼事件（破産管財・相続財産管理人）3件となった。

　特徴としては、他の公設事務所と比べると、ややサラ・クレ事件の割合が低いことが挙げられそうである。理由としては、奥能登住民の堅実な生活ぶりや身内の恥を外にさらさないという昔ながらの慣習が影響しているものと思われる（着手金の分割払いを滞納する依頼者の割合が比較的少ないのも、同じ理由であろう）。

　私自身が4年間勤務弁護士をしていた名古屋の事務所では、比較的サラ・クレや消費者事件を扱う機会が多かったため、事件の内容的には、勤務弁護士時代とさほど変わらないという印象である。

ただ、当然のことながら、地元企業の相談も少なくなく、それまではほとんど扱う機会のなかった会社法を久しぶりに開いてみたり、輪島塗の工房が外国企業との取引を始めるにあたり英文の契約のアドバイスを、という渉外に関する相談もあったり――さすがにこの相談には対応できかねたため対応できる弁護士を紹介した――、より広い事件を扱うようになったという違いはある。

## 8　公設事務所での苦労

　他の公設事務所同様最も気を使うのが利益相反の問題である。管内に他に法律事務所がないことから、必然的に双方から相談を受ける可能性が高くなるため、相談の受付段階で簡単な相談内容と相手方の氏名を確認し、過去に相談がないかチェックしている。

　とはいえ、当然すべてチェックしきれるわけではない。相談を聞いてみて初めてその事件の関係者にこれまで受けた事件の依頼者や相手方が出てくるなどということもまれではない。例えば相続関連の相談を受け、戸籍を見ながら相手方となるべき親族を確認していたところ、別の受任事件の依頼者がその中に含まれていたことが分かったり、相隣関係の相談で住宅地図を見せてもらっていたところ、その近隣に別の受任事件の相手方が住んでおり、事件を進めるにあたってはその相手方の協力を要請しなければならないということがあった。これらのような場合、「その親族の方から別の事件の依頼を受けているので」とか、「そのお隣さんは他の事件の相手方です」などと説明することもできず、相談者にどのように説明するか、実に悩ましい気持ちになった。

　もっと悩ましく感じたのは、業過・道交法違反で身柄拘束された被疑者から当番弁護士の要請があった次の日、同じ刑事事件の被害者から相談予約の電話があった時のことである。当番の要請があったのが遅い時間だったため、翌日接見に行こうと考えていたところ、その翌日の朝一番に被害者側から相

談したいという電話があったのだ。しかも、その被害者は、周りから「早く相談しないと相手方から相談を受けたらもう聞いてもらえないよ」と忠告を受けたので急いで電話した、というのである。私としては、できれば事件の被害者の方を手助けしたい気持ちが大きいのだが、当番とはいえ、事件はそのまま国選に移行する可能性が高く、そうなると当然自分が国選弁護人になると予想される（現在輪島支部での国選事件は全件当事務所へまわってくる）。被害者側からすればせっかく近くに法律事務所ができても結局自分たちは救済されない、などと思ったりはしないだろうかと本当に考え込んでしまったものだ。

　また、敷居の低い事務所、気軽に相談に来て頂ける事務所を目指してきたつもりであり、そのかいあってか、開設から１年が経過した現在でも月30件近いペースの新規の相談があるのではあるが、中には受任をお願いされてもどうしても経済的にペイしない事件というものも少なくない。かとって、当事務所で断られればほかに相談する先がない（金沢の弁護士に頼むとなればますます経済的にペイしないことになることは明らかである）ことを考えれば、無下に断ることもできず、結果、引き受けることになるのも度々である。

## 9　能登はやさしや土までも

　ありきたりかもしれないが、やはり、相談者から「輪島に法律事務所ができたから思い切って弁護士さんに相談してみようと思って来ました」とか、近所の方から「近くに弁護士さんがいると安心だね」等という言葉をかけてもらう時が、何よりもうれしい。そして依頼者の方から、とれたてのサザエやアワビ、カニ、松茸などキノコや野菜類を頂く時も、「この地に来て良かった」と思う瞬間である。

　「能登はやさしや土までも」という言葉が示すとおり、地元の皆さんはとても温かくこのよそ者を受け入れてくださっている。輪島塗の会社の社長さ

んから誘われて、俳句の会に参加するようになったのも楽しい経験である。句会に参加されている地元の方々が詠む句を通じ、輪島の四季を感じることができるのである。

　狭い町ではうっかり本の立ち読みもできないのではないか、などと窮屈な思いをすることを何となく覚悟しながら、当地に赴いたのであるが、住んでみればそんな思いをすることも全くなく、のびのびと生活を楽しんでいるというのが現状である（ただ、先日子どもを連れて近所を散歩していた妻が「あら、ご出産で里帰りされているって聞いてたけど、もうお子さんこんなに大きくなったのねえ」と、知らない方から声を掛けられていたところを見ると、我々の知らないところで話題にしていただいていることは間違いないようである）。

## 10　思いがけずテレビ出演

　事務所開設以来、地元の新聞やテレビニュースで開設の模様やその後の活動状況を取り上げてもらうということは多いのだが、まさか日曜夜の全国ネットの法律バラエティー番組にまで出演してしまうことになるとは、私自身思いもよらぬできごとであった。開設から間もないころ、日弁連のホームページを見たということで番組制作会社の方が直接連絡してきたのである。断って欲しそうにしている妻を尻目におもしろ半分で出演を了解した。

　放送後の反響は予想以上。私も妻も、依頼者やご近所の方のみならず、面識のない人を含め会う人会う人から「テレビ出てましたね」「見ましたよ」などと声を掛けられ、ここでも改めて地域密着を実感した次第である。

## 11　夫婦で赴任

　弁護士夫婦で公設事務所へ赴任という初めてのケースであり、今後のリーディングケースになるはずだった当事務所だが、赴任してすぐに妻の妊娠が

判明し、妻が事件を担当することは控えたため、当事務所では実質的には弁護士が2人ということにはなっていないのが現状である。しかし、私にとっては、何かと相談できるパートナーが身近にいるという意味で、弁護士である妻がともに赴任してくれたことによる精神面でのバックアップが大きかったことは間違いない。

なお、妻にとっては、それまで、別々の事務所で仕事をし、特に平日は一緒に過ごす時間もわずかであった夫と、四六時中顔を付き合わせていなければならない上、見知らぬ土地で話し相手はほとんど夫しかいないという状況に果たして耐えられるかというのが、専らの心配であったようである。しかし、日々の業務の多忙さに加え、マスコミの取材や地元の方のお誘い、地元弁護士会をはじめ出身弁護士会からの様々な激励もあって、退屈する暇もなく、お陰さまで夫婦の仲もすっかりこの1年で盤石になった（はずである）。

というわけで、弁護士夫妻諸君には、夫婦での公設事務所への赴任をお勧めする次第である。

## 12 これから

任期も残すところあと1年となってしまった。できれば、事件処理だけでなく、弁護士として地元の人たちに何かを伝えられればと思っている。これまで地元で講演をさせてもらう機会が10回ほどあったが、年齢層が高い人たちを対象とすることが多かったため、地元の若い世代にも司法あるいは弁護士というものを身近に感じてもらい、基本的な法的知識を提供できるような活動もしてみたいと思う。

「堅牢で使い込むほどに味わいの深まる輪島漆器」のように、この地での経験を生かして弁護士としての活動に深みを身につけていきたいものである。

（当時、金沢弁護士会。現在、沖縄弁護士会）

〔追記〕
　2年半の任期を無事に終え、2006年10月に後任にバトンタッチすることができた。奇しくも後任もご夫婦（中上勇輔弁護士、菊地環弁護士）での赴任である。2007年3月に能登地方は震度6強の地震に襲われた。各地にはその爪跡が未だに残っている。お二人は法律的側面からの復興支援（借地、境界紛争、保険問題等）にも尽力しておられる。

◎事務所へのアクセス
・金沢市内よりバスで2時間
・羽田空港〜能登空港　片道1時間（1日2往復、能登空港発着の定期便は羽田線のみ）
・能登空港より輪島市内へは車で20分
・鉄道路線は2001年に廃線となっています

兵庫県丹波市
# 丹波ひまわり基金法律事務所

東泰弘 Higashi Yasuhiro

## 一年を振り返って

所在地：兵庫県丹波市柏原町柏原46
柏原センタープール3F
電話：0795-73-1777
創立年月：2004（平成16）年3月
任期：2004年3月～2006年4月
現在の所長：井村華子
弁護士数：1名
事務職員数：3名
営業日：平日
営業時間：午前9時から午後5時まで
法律相談の事前予約の要否：必要
裁判所管轄：神戸地方裁判所柏原支部
（2007年9月末現在）

## 1 はじめに

　当事務所は、2004（平成16）年3月17日、兵庫県氷上郡（現在の丹波市）柏原町に兵庫県で最初の弁護士過疎地型公設事務所として開設されました。

　私は修習53期、2000年10月に弁護士登録して、神戸の梶原高明弁護士のもとで約3年半のイソ弁生活を送った後、2年間の任期で当事務所の初代所長に就任しました。

## 2 都会に住む公設弁護士

　事務所のある柏原町は兵庫県の東部に位置し、神戸地方裁判所柏原支部の管轄に属します。手元の資料によると、管内人口は丹波市が約7万4,000人、篠山市が約4万7,000人で合計約12万1,000人となっています。

　公設事務所といっても、柏原町は神戸市内から高速道路を使えば自動車で1時間少々という近い距離にあるため、私は自宅のある神戸から事務所まで毎日自動車通勤しています。運転さえ嫌いでなければ都会に住みながら弁護士過疎地の第一線で仕事ができる珍しいタイプの公設事務所と言えるでしょう。ただ、高速を使って片道約70キロメートルの距離を毎日移動するため、ガソリン代と高速料金はばかになりません。4日に1回のペースでガソリンタンクが空になりますし、高速料金だけで1日に3,000円近いお金が飛んでいきます。通勤代で月10万円くらいかかっているでしょうか。愛車である中古のBMWも1年間こき使ったせいか、最近、妙にくたびれて見えます。まぁ年間4万キロ以上も走らされたのでは車の方も疲れるでしょうが。

## 3 ダークホース

　私が公設弁護士への応募を決めたのは2003年10月のことでした。それま

で、弁護士過疎問題に関心を持ったこともなく、自分がひまわり基金のために毎月会費を払っていたことすら知りませんでした。お世辞にも会務や公益的活動に熱心に取り組んでいたとは言えず、誰がどう見てもおよそ公設弁護士になるタイプではありませんでした。赴任弁護士を探す側からしても、私は完全にノーマークだったと思われます。

そんな私が自分から公設弁護士に応募したきっかけは、イソ弁生活も3年を過ぎ、そろそろ独立しようかと考えていたとき、柏原に公設事務所を作るという話をたまたま耳にして、忘れかけていた出来事を思い出したことにあります。

## 4　ある心配事相談

あれは弁護士登録1年目の出来事でした。当時の氷上郡は、柏原町、氷上町、青垣町、春日町、山南町、市島町の6町から成り（2004年11月に6町が合併して丹波市になりました）、私は県弁護士会から法律相談の担当を割り当てられて、そのうちの山南町を訪れました。まだ車を持っていなかったので、1時間に1本しかない電車に揺られ、駅を降りて自動改札になっていないことに驚愕し、これまた1時間に1本しかないバスに地元のお年寄りに混じって乗り込み、やっとたどり着いた相談会場で私は1人の相談者と出会いました。

その相談者は、高校生の娘を持つお母さんでした。そのお母さんは、相談室に入ってくるなり、「先生、私は今日が来るのをずっと待ってたんです。町の広報で弁護士さんが来てくれると聞いたので、ずーっと前から予約して、先生を待ってたんです」と言いました。最初の一言がそれです。私は直感しました。これは余程の重大事件に違いないと。そして、それと同時に、私は暗澹たる気持ちにもなっていました。研修所で遊びほうけていたおかげで自慢じゃないが法律のホの字すら忘れている、駆け出しのペーペーだったから実務のジの字も分からない、要するに、当時の私は、なーんにも分からない

状態だったのです。

　しかし、まさかそんなことは口が裂けても言えないので、「まぁどうぞお掛けください。それで、今日はどんな相談ですか？」と尋ねたところ、そのお母さん（以下、「母」）は、「実は娘のことなんです。もう高校生になるんですけど、最近どうも付き合ってる人がいるみたいなんです」と言いました。私が「うん、それで？」と尋ねたところ、（母）「私、どうしたらいいんでしょうか？」、（私）「へ？」、（母）「ですから、娘に彼氏ができたようなんです。親として心配で心配で。こういう問題を誰に相談したらいいのか分からないし、でも、弁護士さんに聞いたら、きっとどうすればいいのか教えてもらえると思ったものですから。先生、私どうしたらいいんでしょうか？」、（私）「いや、どうしたらいいんでしょうかと私に聞かれても……」という内容でした。

　はっきり言って法律相談でも何でもありませんし、弁護士に聞いてどうなる問題でもありません。もちろん、そのことはお母さんにも話しましたし、その時点で相談を終了してもよかったのですが、何となくズルズルと話を聞いた結果、最終的な私の答えは、「お母さん、娘さんを信用しなさい。あなたが育てた娘さんでしょ？　私は、娘さんにも彼氏にも会ったわけじゃないけど、でも、あなたが育てた娘さんなら、間違ったことはしないと思う。心配しなくても大丈夫だと思う」というものでした。私は本心からそう答えました。それくらいすてきなお母さんだったのです。

　この答えで正解だったのかどうか、私には分かりませんが、それはともかくとして、そのお母さんはとても喜んで、安心し切った顔で帰っていきました。

## 5　ホントに私でいいんですか？

　柏原に公設事務所を作ると聞いた私は、真っ先にあのときのお母さんのことを思い出しました。あのお母さんに限らず、あの日相談に来た誰もが弁護

士の来訪を心待ちにしていました。丹波地方は電車や車を使えば大阪や神戸まで2時間もあればたどり着ける場所にあります。でも、たったそれだけの距離なのに、都会に出て行って自分で弁護士を見つけてくるだけの時間やお金や体力がないという人たちがいて、そこで様々な問題を抱えながら生活しているのです。中には深刻な法的トラブルを抱えている人もいるかもしれません。裁判所もある、検察庁もある、それなのに法律事務所は存在しない、そんな状況を弁護士会が変えようとして赴任弁護士を探している、幸いにして今の自分であればあれからわずかとはいえ経験も積んだし、ちょうど独立を考えていたところだからタイミングも合う、神戸で開業するつもりだったけど2～3年の寄り道も悪くない、何よりも柏原町といえば山南町の隣町だから因縁を感じる、誰も行く人間がいないなら自分が行こうか、そんなことを考えるようになりました。

　ただ問題は、私に公設弁護士に応募する資格があるのかということでした。自分という人間がもともと勤労意欲に乏しい上にムラッ気もあるということを他の誰よりも私自身が一番よく知っていました。普通なら、経営は成り立つのかとか、経験や技量がまだ自分には不足しているのではないかといったことを心配するのかもしれませんが、私の場合は、その前に自分の人間性に不安を持っていました。私みたいな人間が行ったら、かえって弁護士全体に対する信頼をおとしめることになりはしないかと心配しました。

　しかし、そんなことを面と向かって堂々と聞くわけにもいかなかったので、ある日、私は支援委員の弁護士の1人に小声でコソッと聞いてみました。ホントに私でいいんですかと……。

## 6　豹変

　一応聞いてはみたものの、私は腹の底では柏原行きを既に決めていました。そして、幸か不幸か他に応募者も出ないままトントン拍子に話は進み、2003年11月の支援委員会で私は正式に赴任弁護士に選任されたのです。

柏原に通うようになって、私は生まれ変わりました。毎朝6時に起床して、8時前後には事務所に出て仕事に取りかかり、夜の9時10時まで事務所に残って晩飯も食べずに働き、家に帰ってからも更に働くという仕事の鬼と化したのです。おかげで夏には体調を崩し、20数年ぶりに行った病院では医者から強く入院を勧められました。怖かったから断りましたけど。

## 7　折り返し地点

　開設から約1年を経過して、これまでの受任状況を見ると、法律相談が201件、うち受任件数は67件（うちクレサラ事件は25件、過払い金返還請求訴訟等の関連事件はカウントせず）、刑事国選は15件、当番出動9件となっています（2005年3月15日現在）。他の公設事務所と比べると受任件数は少ないですが、その差はクレサラ事件の受任件数の違いにあると思われます。
　この1年間で受任したクレサラ事件は、自己破産6件、個人再生7件、任意整理12件のみで、この少なさは私としても意外でしたし、売上げにも大きく影響しています。通勤代だけで月に約10万円も使っているし、分不相応にも事務員さんを2人雇ってしまったので毎月支払う給料等も少なくありません。数少ないクレサラ事件の中には着手金が不良債権と化しているものも複数件あり、辛うじて黒字は確保したものの、経費がかかる分、開業1年目の私の手取り年収はイソ弁時代と比べて大幅にダウンしました。しかし、生活に困るほどではないので、その点は全く気にしていません。お金じゃないんです。と言いながら、最近では晩酌にビールはやめて、発泡酒を飲んで節約に励んでいますが。

## 8　おわりに

　目下の悩みといえば、退任後の身の振り方についてでしょうか。ぜいたくさえしなければ現状でも生活に困ることはありませんし、私は今の暮らしで

十分満足しています。ただ、1年後に任期満了してこの事務所を出ることを考えると、今のペースでは逆立ちしても退任後に新事務所を開設するだけの資金は貯まりそうにありません。これからの1年は着手金経営を脱して報酬も入ってくるようになるでしょうから、少しは状況が好転するとしても、果たしてどこまで挽回できるのか、そこのところが気がかりです。でもまぁ、きっと何とかなるさ、どうしても駄目だったら就職活動でもして、どこか私をイソ弁として雇ってくれる法律事務所を探すとしよう、そんなことを考えている今日このごろです。

（兵庫県弁護士会）

◎事務所へのアクセス
 ・JR福知山線柏原駅下車徒歩約5分
 ・JR大阪駅から特急約1時間15分
 ・神戸市街から電車で約2時間、車（高速道路利用）で約1時間半

島根県益田市
## 益田ひまわり基金法律事務所

吉田隆宏 Yoshida Tkahiro

# 美しい自然と温暖な気候のもとで1年を過ごして

所在地：島根県益田市乙吉町196番地5
ビジネスコート乙吉ビル3階
電話：0856-31-1565
創立年月：2004（平成16）年4月
任期：2004年4月〜2006年5月
現在の所長：置塩正剛
弁護士数：1名
事務職員数：2名
営業日：平日
営業時間：午前9時30分から午後5時まで
法律相談の事前予約の要否：必要
裁判所管轄：松江地方裁判所益田支部
　　　　　　（2007年9月末現在）

## 1 はじめに

　4年前の2001年夏。私は、松江地方裁判所益田支部で、一日がかりの証人尋問を傍聴していました。当時は、広島地裁民事部での実務修習中で、ある合議事件の証人5名以上が益田で勤務していたことから、出張尋問が松江地裁益田支部で行われることになり、私も同行させてもらいました。

　当時の印象は、「街も裁判所も、こぢんまりしていて静かだな」という程度のもので、まさか自分が地方公設事務所弁護士として同じ街に赴任し、再び同じ裁判所に通うことになろうとは夢にも思いませんでした。

　その後、2002年10月から、東京弁護士会が設立支援する都市型公設事務所である東京パブリック法律事務所の常勤弁護士として、2年以内の地方公設事務所への赴任を前提とした手厚い指導・研修を受けながら、さまざまな実務経験を積ませていただきました。

　そして、島根県弁護士会の先生方からとても素晴らしいご縁をいただいて、2004年4月から、2006年3月末までの任期2年の予定で、益田ひまわり基金法律事務所の常駐弁護士として当地に赴任し、現在に至っています。

## 2 益田とその周辺

### 1 市の概要

　島根県は、風土的・文化的に、東部・出雲地方と西部・石見（いわみ）地方に分かれますが、益田市は、石見地方西部の日本海沿岸に位置し、古くから山陰と山陽を結ぶ交通の要衝として栄えてきた、人口5万8,000人の地方都市です。「山陰」にありながら、全国の中でも日照時間が長く（5月の日照時間は日本一長い）、対馬暖流の影響から、雪もほとんど積もらないなど、温暖な気候にめぐまれています。

　東に地方公設事務所第1号の石見ひまわり基金法律事務所が開設された浜田市、南に山陰の小京都・津和野町、西に山口県萩市があります。

ちなみに、当事務所から車で10分のところに「萩・石見空港」がありますが、もともとは「石見空港」という名前だったそうです。ところが、どの地方にある空港なのか今ひとつわかりにくいということで、利用客の増加を図るために、現在の名前に変更されました。

　2　風土
　山陰地方でありながら、冬でもほとんど雪の積もらない温暖な気候に恵まれ、白い砂浜が12キロも続く海辺と、鮎釣りで賑わう清流・高津川。
　『島根県の歴史』（松尾寿ほか著。山川出版社）によれば、美しい自然に恵まれた益田の人たちの気質は、「純粋で、せっかちで、頑固で、情熱的で、積極果敢である。損とわかっていても突っ込んでしまう一徹さ、白黒をはっきりさせないといらいらするような直情的なところがある。また開放的で、来る者はこばまず、去る者は追わず、といったあっさりしたところがある」とされています。

　3　文化
　益田ゆかりの人物としては、8世紀のはじめに石見国の役人として益田に帰郷したと言われる、万葉集に長歌や短歌を多くおさめた歌聖・柿本人麻呂や、幼いころ涙で描いたネズミが走っているように見えたという逸話で有名な画聖・雪舟が挙げられます。
　柿本人麻呂が詠んだ石見の叙情や、雪舟が造園した萬福寺庭園（寺院様式）と医光寺庭園（武家様式）、趣の異なる2つの庭園を眺めていると、心が癒されて時間の流れを忘れてしまいそうです。

　4　周辺の観光地
　益田の周辺には、津和野や萩といった観光地もあります。
　津和野は、中国山地の3キロメートル四方の盆地にひらけた城下町で、掘割を泳ぐ鯉、白壁やなまこ壁が続く武家屋敷、石州瓦をのせた古い商家な

少年時代の雪舟像

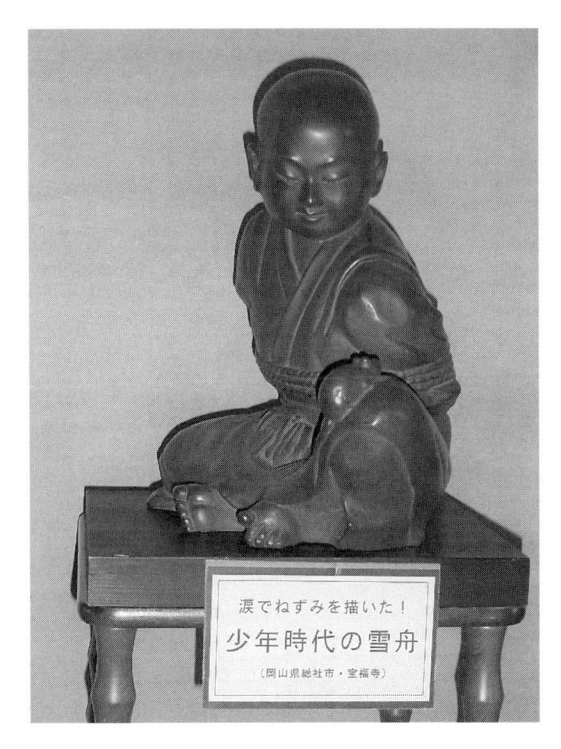

どが有名で、森外や西周を輩出した養老館を中心に、歴史と風情ある町並みとなっています。

　明治維新の志士を輩出した山口県萩市は、萩焼と夏ミカンの里としても名高く、萩城跡の周辺には国の史跡に指定された城下町が広がっています。

　津和野の場合は当番弁護士の出動のついでに、萩の場合は山口地裁萩支部に出廷するついでに、ちょっとだけ、それぞれ気になる観光スポットに立ち寄っています。

　そのほか、そのむかし埋蔵量豊富な銀のために山が光っているのが海からも見えたとか見えなかったとかで、世界遺産登録を2年後に控える「石見銀山遺跡」（2007年に登録された）もありますが、益田からは少し距離があり、仕事のついでにちょっととはいきません。

　観光に管轄は関係ありませんから、当地に赴任している間に、まだ訪れた

益田ひまわり基金法律事務所　215

医光寺雪舟庭園

ことのない鳥取砂丘や大山、隠岐など、山陰地方をくまなく観光したいと思います。

## 3 事務所の概要

　全国で25番目の地方公設事務所となる当事務所は、松江地方裁判所益田支部から車で5分。大型商業施設に隣接する3階建ての真新しいオフィスビルの3階の1室（20坪）にあります。事務所の真下（2階）には24時間警備員が待機する大手警備会社の事務所があるので夜もとても安心なのですが、真上（屋上）は毎年夏になると大人気のビヤガーデンが営業を始めるため、夜ひとり事務所で夕食もとらずに起案をしていると、時折楽しそうな歓声が聞こえてくるので、うらやましくて思わず起案の手が止まってしまうこともあります。

　当事務所は、開所以来、弁護士1名と事務局スタッフ2名（男女各1名）の3名態勢で活動しています。事務局スタッフのうち1名は新卒者、もう1名も社会保険労務士の試験に合格していたものの法律事務経験は全くありませんでした。

柿本神社・人麻呂像

　そこで、開所前の2か月間、東京パブリック法律事務所において事務局スタッフとしての実務研修を受けるとともに、3月下旬から4月上旬の2週間にわたって、法律事務及び経理に詳しい事務局スタッフ1名を東京パブリックから派遣していただきました。
　また、開所後は、東京パブリックの事務局スタッフの皆さんから業務円滑のためのアドバイスを受けたり、地元である石見地方の司法書士・弁護士の先生方との定期的勉強会に事務局スタッフも参加させていただくなど、弁護士のみならず事務局スタッフに対する有形・無形の支援をいただいています。

## 4　開所後の状況

### 1　事件数

　当事務所の開所以来、2005年3月末までの1年間に受けた相談件数は285件、そのうち債務整理の相談件数は75件となっています。
　同じく受任件数は153件、その内訳は、債務整理を除く民事事件が58件、債務整理が53件、刑事事件は42件（国選弁護37件、被疑者扶助5件）、当番弁護士15件となっています。その他、事務所の外で受けた相談件数は40件

余りでした。

　各地の公設事務所とも開設直後から法律相談の予約ですぐにいっぱいになるということは聞いていました。開設前の益田でも、法律相談の予約の申込みや問い合わせは何件かありましたが、正直なところ、「他の公設事務所のように、本当に法律相談の申込みが入るのだろうか。」と不安に思ったこともありました。

　幸いというかやはりというべきか、地元の新聞社やテレビといったマスコミ及び益田市の広報などに大きく取り上げていただいたおかげで、開所直後から法律相談の予約が次々と入り、すぐに3週間先の予約まで埋まってしまったこともありました。

　2004年10月以降、浜田支部に新たに2名の弁護士が増えたこともあって、1年前の事務所開所当時と比べると、法律相談件数や国選弁護の件数は少し落ち着いてきていますが、それでも法律相談の問い合わせ申込みが日々とぎれることはなく、のどかにみえる地方都市での潜在的な事件・紛争の多さをあらためて実感しています。

## 2　事件の種類

　相談内容は、損害賠償請求をはじめとする一般民事や相続遺言、離婚などバラエティーに富む反面、開所前は全体の8割から9割を占めるのではないかと予想した、ヤミ金や架空請求を含めた債務整理の相談は、実際には全体の5割ほどです。

　むしろ、企業の倒産整理や不正競争防止、特許の絡む問題、個人情報保護法への対応など、事業者からの相談・受任が比較的多いと感じています。

　当事務所は、地元・益田商工会議所や周辺地域の各商工会の要望がきっかけで開設されたという経緯がありますし、事業者向けの研修や講演の機会を通じて当事務所の存在が知られるようになっているという理由もあるでしょうが、相談者の「県外に顧問弁護士はいるけれど、相談の便宜を考えると、できるだけ地元の弁護士に相談したい」という声を多く聞くと、あらためて、

事務所風景・フタッフ

　弁護士過疎地域における、消費者・事業者を問わない法律相談に対する需要の大きさがわかります。
　相談内容が、実務経験の乏しい専門的分野にわたる場合も珍しくありませんが、その旨を相談者に説明し了解を得た上で、当事務所を支援してくれている多くの諸先生方から多くの知恵や経験に基づくアドバイスを受けたり、当該分野を得意とする別の弁護士を紹介していただいたりして、自分でも調べたり悩みながら、できるかぎり迅速に、相談者が求めている正確かつ適切な解決方法や情報を示せるように努めています。相談者の納得できる解決方法を見いだしたときの充実感・達成感は、格別です。

## 5　当地や周辺の司法事情

### 1　裁判所・検察庁

　松江地裁益田支部と益田簡裁は、益田市のほか、津和野町、日本有数の天文台のある日原町を管轄し、その管内人口は7万3,000人となっています。

裁判官は、地裁判事と簡裁判事がお一人ずつ、それぞれ隣接する浜田支部・浜田簡裁の裁判官を兼任されており、毎週月・水・金曜日に簡裁判事が、毎週火・木曜日には地家裁判事が、浜田市から通われています。隣接する浜田支部の管内人口は12万人で、益田支部と浜田支部をあわせると管内人口は20万人近くになります。

　検察庁は、検察官取扱事務副検事が松江地検益田支部と浜田支部にそれぞれおられます。

## 2　島根県弁護士会

　島根県弁護士会の会員数は、3年前まで、戦後一貫して22名前後で推移し、全国で最も会員数の少ない弁護士会となっていたそうです。

　しかし、2002年10月以降、毎年2名以上の新規登録会員があり、2005年4月末現在、会員数は、29名となっています。

　特筆すべきは、29名のうち、46期以下の会員が11名と過半数を占めていることです。中でも55期は私を含めて4名、56期が2名、57期が2名となっていて、55期以下の8名のうち島根県出身の会員は一名にすぎません。

　島根県弁護士会の先生方に近寄ったが最後、若手弁護士を弁護士会全体で育てていこう、島根における法の支配を一緒に充実させていこうという心意気と温かな雰囲気に居心地の良さを感じ、ついつい島根県弁護士会の一員に引き込まれてしまうのです。

## 3　石見地方の新旧公設事務所

　29名のうち、石見地方には、私のほかに4名の弁護士がいます。

　私の赴任前から益田市に事務所を置く1名は別として、残り3名は、いずれも浜田市に事務所を置かれており、地方公設事務所第1号の石見ひまわり基金法律事務所（同事務所は、現在、弁護士法人みやこ法律事務所浜田事務所となっています）の國弘正樹先生のほか、同事務所に2004年10月に入所された57期会員が1名、2005年2月に開設された浜田ひまわり基金法

律事務所に赴任した55期会員が１名となっています。

　石見地方には、現在、地方公設事務所が新旧あわせると３か所ありますが、相変わらず途切れることのない相談や事件依頼の数をみれば、ひとりでも多くの石見地方の住民の方々が弁護士を「社会生活上の医師」として身近に感じ、相談したいと思ったときにすぐに相談できるようにするためには、事務所の数も決して多すぎることはないと思います。

## 6　事務所の「縁の下」——活発な支援委員会

　当事務所は、島根県弁護士会をはじめとする、ほんとうに数多くの「力持ち」の諸先生方に支えられています。

　なかでも、最も心強く感じている具体的な支援として、支援委員会の委員やオブザーバーとして参加してくださる先生方の配慮やアドバイスがあります。

　支援委員会は、公設事務所が開設された後、１年度中に少なくとも３回以上開催されることになっていますが、益田公設事務所支援委員会の場合、１年度中に６回も開催していただきました。

　これは、益田公設事務所支援委員会が、石見法律相談センターの運営委員会と同日に開催されることもあり、各委員会メンバーの先生方も共通していることが理由なのですが、島根県弁護士会の先生方だけでなく、岡山、広島、山口のほか、遠く東京からも支援委員の先生に石見に来ていただき、毎回５名以上の先生方が出席される支援委員会やその後の懇親会の席で、ざっくばらんに業務上の問題点・改善点や日常生活の様子などを聞いていただける機会が多いので、しっかりと支えられていると実感しています。何よりも、常にオーバーワークになっていないか、事件処理をひとり悩んでいないかと気にかけていただいていることが、とても助かります。公設事務所弁護士の立場から改善してほしい点があれば、すぐに支援委員会から島根県弁護士会や、島根県弁護士会を通じて裁判所や検察庁に対して照会や申し入れをしていた

だくこともあります。

## 7　おわりに

「石見に赴任して自分で一番変わったと思うことは？」と質問され、半分冗談で「最初のうちは、飛行機に乗り慣れていなくて、離着陸のたびに緊張していた気がするけれど、何度も乗っているうちに今ではすっかり慣れて、飛行機が大好きになったことかな」と答えたことがあります。

縁もゆかりもない地方都市に赴任し、法律事務所を新たに立ち上げ、記者会見を行ったり取材を受けたりするなど、赴任して初めのころは、緊張の連続でしたが、益田での生活にもすっかり慣れて、益田が大好きになりました。

あらためて、いま、弁護士を待っていた地元の方々の法律相談や事件を受任できる喜びの大きさと、独立して法律事務所の経営・運営にあたることができる責任の重さをかみしめています。

（当時、島根県弁護士会所属。現在、東京弁護士会所属）

〔追記〕

執筆から2年余りが経過し、益田ひまわり基金法律事務所のみならず、島根県西部の弁護士過疎状況も大きく変わりました。

益田ひまわり基金法律事務所においては、2006年5月末をもって後任の弁護士と所長を交代し、私は2006年7月から、出身事務所である弁護士法人東京パブリック法律事務所（東京弁護士会）に復帰しています。

島根県西部における弁護士需要は増加する一方であり、これに応えるため、島根県益田市において、益田ひまわり基金法律事務所に続いて、石西ひまわり基金法律事務所が開設されることになったほか、隣接する浜田市では、2007（平成19）年10月1日、法テラス浜田事務所が開所し弁護士が赴任しています。そのほか、山口県萩市にも、萩ひまわり基金法律事務所が開設されることになっています。

ひまわり基金法律事務所や法テラス法律事務所など「困ったときにすぐに相談できる身近な弁護士」が島根県西部でも着実に増えています。

◎事務所へのアクセス
・萩・石見空港から事務所までタクシーで10分
・東京駅から新山口駅まで新幹線→山口線の特急で、8時間
・新大阪から新山口まで新幹線→山口線特急で、5時間
・広島県から新山口まで新幹線→山口線特急で、2時間30分

熊本県玉名市
# 玉名ひまわり基金法律事務所

田中裕司 Tanaka Hiroshi

## 過疎地での開業のすすめ

所在地：〒865-0016　熊本県玉名市岩崎74-1とくながビル2階
電話：0968-76-8861
創立年月：2002（平成14）年8月
弁護士数：1名
事務職員数：4名
営業日：平日
営業時間：午前9時から午後5時30分まで
法律相談の事前予約の要否：必要
裁判所管轄：熊本地方裁判所玉名支部
2007年1月、田中ひろし法律事務所と改称した。

（2007年9月末現在）

## 1 はじめに

　私は修習期が53期で弁護士5年目になります。最近では、修習時代から弁護士過疎地に赴任する決意をもって弁護士になられ、公設事務所弁護士に赴任される方が多いのですが、私は地方都市（福岡）で弁護士業務をしていくうちに弁護士の少ない支部で事務所を持ちたいと考えるようになり公設事務所を希望しました。

　そこで、同じように弁護士業を3〜5年して独立をどうしようかと考えている人にぜひ参考にしていただければと思います。

## 2 公設事務所弁護士になるまで

### 1　プロフール

　私は、熊本の出身で高校卒業後、福岡の大学に行き、その後受験生活も福岡で過ごした後、修習は熊本に戻り、2000年に福岡県弁護士会に登録しました。このように、私の人生は福岡と熊本をいったりきたりという感じです。

　私の修習時代は公設事務所というのもなく、支部の弁護士というと年輩の先生がのんびり弁護士業務をやっているというようなイメージしかありませんでした（大きな勘違いで失礼しました）。そういうことで、私は特に弁護士過疎地に意識もなく、普通に福岡市内の事務所でイソ弁をした後、共同事務所（大濠総合法律事務所）のパートナーをしておりました。

　その後、2004年9月から玉名ひまわり基金法律事務所に赴任し、現在に至っています。

### 2　弁護士過疎地に目覚める

　福岡県弁護士会は少年付添人制度をはじめ、多方面で活発に活動しており、私もいろいろなところに首を突っ込んでいましたが、特に消費者委員会での悪徳商法対策の弁護団、薬害肝炎の弁護団、敷金問題の研究会などに力を入

れていました。こういう消費者系の仕事をしていると、弁護士のいない地域というのは本当に無法地帯であることを実感しますし（特にヤミ金なんかはその典型です）、弁護士がいることで救われる人がどんなにいることかと思っていました。

　また、福岡県内の法律相談センターに登録し、支部での相談や国選弁護をしていましたが、そこでも支部での弁護士が足りない状況を垣間見ることができました。最初の事務所のボス弁からも「弁護士がいないところに弁護士から出向いていくのが大事だ」と言われていました。

　このように、私は最初からというより、弁護士業務をしていくうちに徐々に弁護士過疎地を意識し出したのです。

### 3　弁護士としてのスキルアップのために

　私は弁護士になって5年目ですが、同世代の弁護士は独立開業について悩む時期だと思います。私も都市部でパートナー弁護士としてなんとか事務所経営をやってはきましたが、今後、弁護士が大増員するなかで仕事の中身や収入の点で不安に思うこともありました。私を含め若い世代の弁護士は破産などの債務整理が大きな収入源になっていますが（公設事務所ももちろんそうですが）、さらに私みたいに早期に独立して自分の事件が多いと事件の内容が偏りがちで幅広い一般民事事件の経験が少なく、弁護士のスキルアップができていないとも感じていました。

　ある先輩の弁護士曰く、「東京以外の地方であれば都会であろうと田舎であろうと扱う弁護士業務はそう変わらないのではないか」。確かに、田舎にも中小企業はたくさんあるし、地元の地方自治体関係の仕事もあるはずです。現に人吉・球磨の公設事務所に赴任していた同期の簑田先生にも事件の内容は相当幅広いとも聞いていました。

　そういうことも考えると、スキルアップのためにも今後の弁護士業務の基盤地域と持つという意味でも弁護士過疎地でやってみようと決意したのです。

通勤途中の路上からの風景（横島町）

## 4　玉名の公設事務所を希望するまで

　そこで、次に場所の問題です。プロフィールでも分かるように私は熊本と福岡間を行き来していたのですが、福岡の久留米地区から熊本市までのエリアは支部が五つ（八女、柳川、大牟田、玉名、山鹿）あり、相当数の人口を抱えていますが、このエリアに弁護士は数名しかいないという広範な過疎地エリアであると感じていました（あと、この地域は佐賀県や大分県にも接しています）。

　最初は自前で福岡県の南部に事務所を立ち上げようと考えていました。しかし、自前となると開業費は借金しないと無理ですし、果たして仕事がすぐ来るのかという不安もありました。それで、色々な先生方にご相談していたところ、玉名支部は事件数も多いということを聞きましたし、ちょうど公設事務所の募集をしていたところでした。熊本の公設事務所の支援をされている田中俊夫先生とは修習時代にお世話になった関係もあり、その後はトントンと決まっていきました。

## 3 荒尾・玉名地区の概要

### 1 玉名へのアクセス

　当事務所がある熊本県玉名市は、JR鹿児島本線が通り熊本市と大牟田市のちょうど中間あたりにあります。交通アクセスは他の公設事務所に比べると格段によく、熊本市内まで車で40分程度、電車で20分程度です。近くに高速道路のインターもあり、福岡市内まで車で1時間あれば行けます。新幹線の駅もできる予定ですので、今後は熊本市や福岡市から楽に通勤できる距離になります。私も熊本市内からみかん畑の脇から有明海を望める快適なドライブコースを使って30分ほどかけて車で通勤しています。

### 2 玉名地方の風土

　玉名地区は、熊本県の北部の中心地域であり、古くは貿易港として栄え、長らく穀物などの重要な流通地点として、農業・水産業等の産業が発展してきたところです。1300年以上も湧き出ているという玉名（立願寺）温泉も有名でゆっくりできる旅館街があります。

　自然も豊富で、近くにはプロ日本選手権が行われた名門のゴルフ場があり、中心地近くに菊池川が流れており、川沿いの広い芝生の風景はテレビの金八先生さながらです。

　日本一の五重塔のある蓮華院誕生寺奥之院（この間、ダライ・ラマがきていました）などの歴史ある寺院や神社が多く、舟山古墳などの古墳群もあり考古学上貴重な遺跡が豊富です。

　現在の産業は、有明海の海苔業や農業をはじめ、各メーカーの工場や地場の中小企業も多いところです。

### 3 当地の相談需要

　玉名支部の管内は、玉名郡市（1市8町）と荒尾市で人口は17万人を超えます。いままで1人しか弁護士がいない地域でしたが、人口比でいえば、

事務所内風景・フタッフ

弁護士の数は少なすぎるといっていいでしょう。

相談に来られる地域としては、玉名・荒尾地区のほか、大牟田市に近いことから相談に来られる方も多いです。また、地元の菊池方面や高校の同窓生のいる熊本市からの相談もあります。

相談内容としては、多重債務が多いのはもちろんですが、特徴的なものとしては、不動産関係（相隣関係、境界、登記、明渡し）の相談が多いというのが印象です。その他、離婚・相続などの家事事件も多いです。

福岡にいたときより、本当に多種多様な相談が多く、初めて扱う事件や典型的な事件と思いきや一ひねりある事件も少なくありません。そのような事件も裁判所の書記官や同期・先輩や支援委員会の先生方に相談しながら処理しています。

ちなみに、玉名支部の事件数は、民事通常事件が85件、破産・個人民事再生事件が416件、刑事事件が38件で、特に家事事件が他の支部に比べて極端に多く調停事件が201件、審判事件が531件もあります（2003年）。

## 4 事務所の概要

### 1 事務所・スタッフ

　事務所は、玉名警察署のそばにあり、当番弁護士のときには便利なところにあります。また、隣が司法書士・土地家屋調査士の事務所で、私や事務員が事件処理の相談をしたり、地元の人にしか分からない情報などを聞けたり、事件の紹介があったりと大変助けてもらっています。

　事務員は3人ですが、皆さん優秀で意欲的に仕事をしてもらって、いまでは債務整理の処理もスムーズかつ的確で、弁護士の決済の方が追いつかないくらいです。

### 2 相談・受任件数

　2004年9月から2005年8月15日までの約1年間で、総相談件数は215件で、うちクレサラ関係は106件でした。また、総受任件数は151件で、内訳はクレサラ関係90件、刑事事件22件、一般民事は35件（離婚、親子関係、親権、家屋明渡し、境界、交通事故、先物取引被害、床下商法被害など）、裁判所依頼事件が4件（破産管財人、個人再生委員など）です。

### 3 収支

　開設からの売上げですが、2004年9月から12月までの売上げは約1,500万円、2005年1月から7月までが約2,600万円、11カ月合計で4,000万円を超えました。

　福岡にいたときより事件単価が高いと感じていますが、要因としては、債務整理の依頼をされる方の相当数が長期間まじめに支払をされており過払い金の回収額がかなり多くなっていることや一般民事事件も依頼者が資産をかなりお持ちの方や事業者も多く、事件の訴額が高い傾向があるようです（もちろん、扶助事件も10件以上受任していますが。）。

　経費については、3人分の人件費がかかりますので月150万円以上はかか

りますが、その分膨大な事件をさばけるので全然負担になっていません。その他、車通勤になったのでいままでは帰りにふらっと寄っていた飲み代が相当減りました（笑）。

## 5 公設事務所の仕事をしてみて

### 1 公設事務所ならではの仕事

先ほど述べたように、公設事務所の受任事件はバラエティに富んでおり、渉外の家事事件などこの1年で初めて扱う事件もかなりあり、相当な勉強になったと思います。それは最初に予想していた以上でした。地元企業からの相談も多く、企業法務の勉強も怠れません。

民事事件では、一人暮らしの老人を狙った床下換気扇を次々購入させるという事案や田舎の資産家が先物取引の勧誘を受け多額の損害を受けた事案など、いままでは弁護士がいない、あるいは事件を受任ができないということで放置されていた人たちをいままでやってきた消費者事件のノウハウを使い、救済できるということを経験できました。

刑事事件では、被疑者弁護で共犯者は熊本市内の警察に勾留されているのに、否認している当方の被疑者だけ玉名署にとばされて、かなりきつく追及されている事件を受け、近くなので頻繁に接見に行き、結果、なんとか略式請求で仕事を辞めずに済んだ（懲役刑だと欠格事由になる資格者でした。）事件や少年事件で当番弁護士から弁護人になり、仕事の解雇を避けるため観護措置にならないよう在宅に切り変えてもらうなど、弁護士過疎地での被疑者弁護の必要性を実感できることもありました。また、国選では犯罪の要因として借金苦によるものが少なくなく、事件後被告人やその家族の債務整理をするということも多々ありました。

それ以外にも、私のように国賠訴訟などの各集団訴訟をやっていると玉名地域に在住の原告の方がいることがあり、私が担当になりフォローがしやすいという点でも地域事務所の意義は大きいと思います。

### 2　公設事務所の弁護士の意義

　公設事務所で仕事をして実感したのは、いままでの公設事務所の先生が言われているように、そこに行けば弁護士を必要としている人がたくさんいるということです。

　いままで相談しようにもどこに相談したらいいかも分からず、20年も30年も役所に行っては突っ返されてきたおじいさんの相談を受けましたが、時効の問題や事実関係の立証が難しく助けることはできませんでした。

　「誰も聞いてくれなかった相談を親身に聞いてくれただけでも気持ちが楽になりました。」と帰って行かれたとき、その人の気持ちを癒せた点で満足した反面、弁護士がもっと近くにいたら、この人の人生は違ったのかもしれないと弁護士とこのおじいさんとの距離があまりにあったことにむなしくなりました。

　田舎の人は紛争解決の手段として街まで弁護士に相談しに行こうという発想はなく、役所や地域の有力者に相談するくらいのことか、あきらめるかなのです。

　そういう人たちに弁護士の存在を分かってもらう活動が公設事務所の弁護士に求められているのだと思います。

## 6　私のスタイル

　公設の任期後は、玉名に定着する予定です。その後、熊本市との支店形態の事務所にしようかとか、ほかの弁護士過疎地にも事務所を出してみたいとか色々な妄想をふくらませているところですが、いずれにせよこの地域でこれからも弁護士活動をしていくつもりです。

　これからは公設に限らず、全国的に地域事務所が発達していくと思います。そのなかでも玉名のような交通の便がいいところでは、都会からも楽に通えていいところだと思います。独立を考えている人で「田舎で暮らすのはちょっと」と考えている人は、都会から通える支部を探してみてはいかがでしょ

うか。私は熊本市内に住居がありますが、本庁事件や拘置所が近くにあるという点や弁護士会の委員会とか飲み会（繁華街？）とかにも行きやすいという点がメリットです。

　それから、現在地元のFM局で毎週10分程度の法律談義をするコーナーをさせてもらっています。これは簡単な知識で事件を防ぐあるいは助かるという面があるので、地元の人たちに広く知ってもらいたいと身近な法律問題を話しています。地元の新聞にも取り上げてもらい、全県域のAMラジオからもレギュラーの話がきているほどです。最近はテレビで活躍される先生が多いのですが、私はラジオ好きですし、「話す」という弁護士本来の勉強にもなるので、あえてラジオで弁護士の仕事を広く伝えたいと思っています。

## 7　さいごに

　当分熊本に戻ることは考えずに福岡で弁護士を始めたのですが、5年目にして公設事務所を機に地元に近いところで活動をすることになりました。昔の同級生や地元のお世話になった人の相談を受けたりすると、弁護士になって身近な人の役に立っているということを改めて感じます。また、相談者からは相談を受けただけなのに、家でとれたスイカ、メロン、ミカン、海苔などなど食べきれないほどのものを持って来られ、本当にありがたい限りです。

　先輩の公設事務所弁護士がおっしゃったように「困っている人を助ける」という弁護士の原点を実感できるのが弁護士過疎地での弁護士活動だと思います。若手・ベテラン問わず皆さんも今後の事務所について、ご検討されてはいかがでしょうか。

（熊本県弁護士会所属）

## 8 公設から定着へ

　2004（平成16年）9月に開設以来、年間100件くらいの債務整理事件、30件くらいの一般民事事件、10件くらいの国選事件といったペースで事件を受任しました。公設事務所の中では、中程度の忙しさではなかったかと思います。

　そして、2007（平成19）年1月から定着することになりました。もともと地元でもあったし、顧問の話を多くあったことから自分の事務所として続けるようにしました。

　熊本市内の仕事も増えてきており、顧問先の若い企業を中心に増えてきている状況です、それで、私としては「都市から地域へ」弁護士の仕事を掘り出すという発想とは逆に、「地域か都市へ」というコンセプトで2008（平成20）年には事務所を法人化して、都市である熊本事務所では企業法務を中心に、地域である玉名事務所では市民の依頼者を中心とした事務所を展開していこうと考えています。また、公設事務所など地域に行きたい若手の弁護士の養成事務所としての役割を担いたいと思っています。

◎事務所へのアクセス
・JR玉名駅から徒歩20分
・熊本市中心部より車で50分程度
・福岡市中心部より車で1時間15分程度（高速道路利用）
・JR鹿児島本線JR熊本駅からJR玉名駅まで特急で20分（1時間に2本）

鳥取県鳥取市
## 鳥取ひまわり基金法律事務所

曽我紀厚 Soga Noriatu

# 全国一の法曹先進県を目指して

事務所のインフラの充実で、より良いサービスを提供

**所在地**：〒680—0034　鳥取県鳥取市元魚町2-105　アイシンビル　5階
**電話**：0857-25-4630
**創立年月**：2004年（平成16）年10月
**弁護士数**：3名
**事務職員数**：7名
**営業日**：平日
**営業時間**：午前9時から午後6時まで
**法律相談の事前予約の要否**：必要
**裁判所管轄**：鳥取地裁本庁

（2007年9月末現在）

## 1　鳥取と私

　鳥取市は鳥取県の県庁所在地である。縦横に走る小道で区分された市街や「瓦町」「材木町」「鍛冶町」「桶屋町」等の地名に、江戸時代に因幡、伯耆両国32万石の鳥取藩の城下町であった面影が残っている。かつてお堀があった旧袋川の川岸や鳥取城跡には、現在は桜が植えられ、4月には満開の花が咲き乱れる。鳥取ひまわり基金法律事務所は、そんな鳥取市街の「元魚町」にある。

　私が最初に鳥取市を訪れたのは小学校に入る前のころ、母親や伯母達に連れられ、鳥取砂丘に行って海水浴をしたときだ。全く記憶にないが、写真が残っているから間違いない。大学生時代、私はチャリダー（主な移動手段が自転車である人々のこと）だった。鳥取市には3回くらい立ち寄った。東京から母方の実家のある島根県安来市まで自転車で行く途中に鳥取市がある。当時修習生をしていた先輩の家に泊まらせてもらったり、きれいな砂浜を見つけて休憩がてら昼寝をしたりしたことを覚えている。鳥取市内にある日の丸温泉という銭湯風の温泉に入ったことがあるが、そこから徒歩10分くらいの場所で仕事をすることになるとは、当時は全く予想していなかった。

　東京の大手事務所に勤務していた私が、公設事務所に行こうと決意をしたとき、山陰地方に赴任したいと思った。小学校時代に夏休みに行った山陰の雰囲気やにおいに惹かれたのだと思う。3年間の執務経験があったとはいえ、市民案件の経験が不足していたため、いわゆるゼロワン地域（第一種弁護士過疎地域）に行くことは躊躇した。誤った実務をその地域に植えつけてしまうことをおそれたためである。鳥取市が公設事務所の弁護士を募集していると聞き、応募した。

　鳥取は四季がはっきりしている。秋は曇りがちで雨も多い。雪の日の城下町は真っ白で静かだ。春は川原に菜の花が咲き、夏の海は美しい。冬の松葉ガニ、夏の岩ガキはもちろんのこと、きれいな水を使って作られた日本酒や豆腐は透き通るようにおいしい。また、寒暖差があるためか、毎日食べる野

菜や果物は絶品である。

　四季、きれいな空気や水、おいしい野菜など、都会では高い金を払っても買えないものが、鳥取にはある。

　2004年10月に鳥取に赴任してから、多くの友人達が鳥取に遊びに来てくれた。結構自分が人気者であることを知っていい気になっていた。松葉ガニのシーズンが終わった3月ころから友人がパッタリ遊びに来なくなった。人気者は私ではなく松葉ガニだったようだ。

## 2 鳥取の弁護士事情

　2005年9月現在、28名の弁護士が鳥取県弁護士会に登録している。地裁（本庁及び支部）は、鳥取市、倉吉市、米子市にある。鳥取市と米子市に各12名、倉吉市に4名の弁護士がいる。ご高齢の先生や、他の分野で活躍されている先生もいらっしゃるので、各地域とも、弁護士数は十分ではない。鳥取市、倉吉市には現在ひまわり基金法律事務所があり、米子市でもひまわり基金法律事務所の弁護士を募集している。県内のすべての地裁管轄地域が「弁護士過疎地域」である県は鳥取県だけである。支部管轄に所在する法律事務所の数が3以内の地域又はこれに準ずる地域を「第一種弁護士過疎地域」、第一種弁護士過疎地域以外で法律事務所の数が10以下の地域を「第二種弁護士過疎地域」と称している。当事務所は、全国でも珍しい第二種弁護士過疎地域に設置されているひまわり基金法律事務所である。

　鳥取市は県庁所在地であり、かつ、地裁の本庁及び弁護士会があることから、弁護士会の会務や公共団体の委員等の仕事が多い。多くの小規模単位会が抱える問題であるが、鳥取の場合には地裁の本庁がある鳥取市の弁護士数が少ないことから、問題は特に深刻である。米子や倉吉の弁護士を含む鳥取県弁護士会の先輩方の努力は並大抵のものではないが、やはり個々の弁護士の努力ではカバーしきれていない。頭数が足りていないのである。私も幾つの委員会に所属しているのか、正確には分かっていない。少なくとも5つの

10月に赴任した勝浦弁護士（写真左から2人目）と事務員、先輩弁護士（写真右）を交えての小宴会

委員会に所属しているのは確かだ。会員のほとんどが「多重会務者」である。弁護士事務所に行っても、多重会務は整理してくれない。多重会務を解消する方法は会員の増員しかない。

### 3　鳥取ひまわり基金法律事務所の事件処理

　当事務所は、事件の構成が他のひまわり基金事務所とやや異なっている。当事務所が開設された2004年10月から2005年9月26日までの1年足らずの間の受任件数（相談件数ではない。）は196件、うち、民事事件101件（家事23件、不動産15件、交通事件9件）、いわゆるクレサラ事件57件、刑事事件38件である。クレサラ事件の割合がそれほど高くない。商事関係、労働関係等の案件が民事事件のうち1割以上を占めること、上記以外に弁護士会の会務、県の委員会、講演等が業務時間のうち一定の割合を占めることが特徴的である。

　訴訟に至らない交渉ごとを受任して、訴訟外で解決をすることも多い。訴訟外の解決の場合、それほど費用がかからないので、お客さんに感謝していただける。収入が少ないお客さんも多いので、弁護士報酬等を支払えない方

には、積極的に法律扶助をお勧めして、当事務所が扶助申込の手続を代行している。

　高度に専門的な分野の業務は都会の専門の先生方にお任せするとして、当事務所の役割は市民になじみの薄い法律や法律的な考え方を分かりやすく説明して、理解をしてもらいながら案件を進めていくことである。また、弁護士が不足している地域に作られた事務所なのだから、問題を一つでも多く解決する手助けをすることが私の使命である。

　私の実力不足を補うため、以下の運用を試み、いずれも一定の成果を上げている。

① 　説明シート

　法律手続になじみのない市民の方々と接したとき、個別の案件に関するアドバイスをするだけでは不十分である。手続の流れや市民の方が誤解しやすい事項について説明をしなければ、相談者の不安はなくならない。しかも、説明すべき事項は多くの案件で重なる。そこで、当事務所に赴任する前に、一橋大学のロースクールの学生に協力してもらって、「債務整理」「離婚」「相続」「刑事事件の流れ」「民事事件の流れ」等、合計8つのテーマの説明資料を作成した。A4判の紙面20枚程度で構成され、主に図表を用いており、難しい説明は極力省いた。当事務所の相談者には、これらの資料を用いて必要な事項を説明したのち、個別の案件に関するアドバイスを行っている。これらの資料はプレゼンテーション用のソフトで作成されているため、市民向けの法律講座の資料として使いまわしている。

② 　被告人アンケート

　常時5件程度の刑事事件を受任しており、うちほとんどが国選事件である。国選事件の場合、起訴されるまでの経過を弁護人は全く把握していない。記録の閲覧は早くて公判の2週間前であり、勾留場所が遠隔地の場合、接見に行くタイミングが遅れてしまい、対処する期間が足りない、という事態を招きかねない。そこで、当事務所の場合、国選事件を受任したら、私が指示をしなくても、事務職員が自動的に「被告人アンケート」を被告人に送付

する仕組みになっている。同アンケートには、①否認事件かそれとも認めている事件なのか、②示談の必要があるのか、③情状証人として出廷してくれそうな人はいるのか、また、その連絡先はどこか、といった項目のほか、④被害者に対しての謝罪の気持ちを記載するページが設けられている。被告人はこれらを記載して当事務所に返送する。私は、記録閲覧に先立って、また、接見に先立って、弁護人として真っ先に知るべき情報を得ることができるのである。ケースによるが、被告人の許可を得たうえで、④を添付して、被害者に手紙を送ることもある。

　もっとも、被告人がアンケートに書きにくい事情がある場合には、その旨をアンケートに記載して返送してもらう。アンケートは私が接見に行くことの代替手段なのだから、すぐに接見すべき事案の場合には、当然、私がすぐに接見に行く。

　③　相談前のヒアリング

　多くの相談者は、時系列に沿って説明をすることが苦手である。また、弁護士が限られた相談時間の範囲で聞き取りを行おうとすると、相談者の気持ちを聞き、また、紛争の背景事情を聴取することは不可能である。そこで、当事務所では、法律相談に先立ち、5分から10分程度、事務職員が相談者からヒアリングを行っている。事務職員が聴取した内容を前提に相談を開始すると、私の持ち時間である30分間で、相当突っ込んだアドバイスが可能になる。

　④　その他の工夫

　以上のほか、初回の法律相談の申込があった場合、なるべく2日以内に相談を入れるようにしている。日中の予定がふさがっている場合には、相談希望者の都合を聞いて早朝や夜間、休日に相談を入れている。弁護士に相談する決意をするまでに、多くの相談者は相当悩んでいる。相談者が眠れない日が1日でも少なくなるように、早く相談を入れるようにしている。

## 4　法律事務所の敷居を低くするために

　地方では都市部以上に法律事務所の敷居は高い。あと1週間早く相談に来ていればもう少し良い解決ができたのに、と悔しい気持ちを味わうこともある。相談者は決まって「弁護士先生に相談するほどのことはないと思っていたんで」と言う。弁護士は怖いのだろうか。

　私は、弁護士に親しんでもらうために、市民向けの法律講座を積極的に行っている。2004年11月には高校で消費者法の講座を、2005年6月には鳥取大学の大学生及び市民向けの講座を4コマ行った。これをご覧になった市役所の方からお話があって、9月には鳥取市が主催している消費者法の講座を実施し、更に10月から鳥取環境大学で同じテーマの講座を持つことになった。また、12月以降は商工会議所が主催する講座を担当する予定である。クイズを入れたり、プレゼンテーションのアニメーションに凝ったり、いろいろと工夫ができるので、面白い。

　また、事務所の雰囲気を明るくするように、心がけている。事務所内には多くの観葉植物が並び、心地よい音楽が流れている。音楽は私と事務職員が選んでいるので若干偏りがある。心地よいと思っているのは私と事務職員だけかもしれないが、そんなことはあまり気にしていない。会議室の壁紙は、マイナスイオンが出るものを選んだのだが、本当にそういうものが出ているかは分からない。

　ビルの屋上で植物を育ててみた。「ひまわり基金」だけにひまわりの種を蒔いてみた。花が咲いたら1階に並べてお客さんに見せびらかそうと思っていた。8月に花が咲いたものの、たんぽぽくらいの大きさにしかならなかった。「たんぽぽですか」と聞かれるのが嫌だったので、屋上で一生を終えさせてしまった。2006年はひまわりはあきらめ、じゃがいもを育てて、じゃがバターにして食べようと思っている。

## 5　今後の課題

　当事務所の売上は悪くないが、毎月書籍を大量に購入していること、内装工事や事務機器に費用を使っていること、事務職員の研修等を積極的に行っていること等から、私自身の収入は多くない。東京にいた頃よりも少ない。修習生諸君の中には、ひまわり基金事務所はもうかると誤解している者もいると聞く。大間違いである。限られた時間の中で限られた数の案件をしっかり処理しようとしたら、大きな案件を受任する方が収益は上がる。今後ひまわり基金事務所への赴任を志す諸氏には、この点をちゃんと認識していただきたい。

　2005年10月1日に、勝浦敦嗣弁護士が鳥取ひまわり基金法律事務所で執務を開始し、現在は弁護士2名体制で執務を行っている。

　当事務所の事務職員は正直者だ。若くて優秀でイケメンの勝浦弁護士が来たことで、彼女達の私に対する対応が若干冷たくなった気がする。しかし、そんなことを気に病んでいても仕方がない。今後は勝浦弁護士と分担して、弁護士の少ない鳥取県中部や弁護士の居ない鳥取県南東部の方々へのサービスを充実させるよう努力したい。また、図書を始め、事務所内のインフラを更に充実させて、より良いサービスを提供できるように努力したい。

　鳥取市の近くにはロースクールはない。お隣の島根県にはロースクールがあるが、鳥取市からは大分距離がある。法曹人口が毎年3,000人増加したとしても、鳥取市の弁護士人口が増えるとは限らない。都市部の弁護士には、数年地方で執務をしたいが、一生地方に居住する覚悟ができない、という方もいると思う。そういう方々が地方で執務をすることができる仕組みとして、ひまわり基金法律事務所や、司法支援センターがあると理解している。しかし、前者は第一種弁護士過疎地域に主眼を置いており、後者は市民にとってのアクセスポイントとしての役割が強く、また、限りがある予算内で地域の実状に合った対処ができるのか、といった問題があると認識している。鳥取市のような第二種過疎地域は日本全国に多数あるはずだ。これらの地域の市

民が必ずしも十分なリーガルサービスを享受しているとは考えられない。

　私の使命は、鳥取で、勝浦弁護士や鳥取の先輩方とともに、第二種弁護士過疎地域の法曹過疎への対策のあり方の一例を示すことだと考えている。

## 6　終わりに

　鳥取県弁護士会の会館は裁判所にほぼ隣接した場所にある。玄関口に、表札の代わりに「鳥取県弁護士会仮会館」と記載されたプレートが設置された木造の民家がそれである。「仮会館」となっているのは、将来立派な会館を建てよう、という鳥取県弁護士会の先輩方の心意気を表している。引き戸を開け、玄関で靴を脱いで上がる。2階の応接室風の部屋に会議机が置かれている。委員会の会議はこの部屋で行われる。正面にテレビがある。これは会員が実家の改修工事をしたときに不要になったものを持って来たものである。テレビカメラの下には台所においてあるプラスチックのトレーを裏返したものが敷いてある。高さを微調整するために敷いたのだろう。このテレビを使って米子、倉吉とテレビ会議をするのである。テレビ会議は面白い。テレビの向こうで静止画像のように動かなくなっている弁護士を見ると、本当に疲れているんだなあ、と思ったりする。隣の座敷の部屋は、20名くらい収容可能だ。ここでは弁護士会の総会等が行われる。

　私はこの木造一軒家の弁護士会館が好きだ。最初行ったときには驚いたが、慣れるとたまらなく良い。「仮会館」という呼称も粋だ。

　私が鳥取に来るよりも前から、鳥取県弁護士会は活気づいている。昨年の民暴大会や今年の人権大会は、いずれも鳥取市が会場だ。全国規模の大会の準備を経て、鳥取県弁護士会は更に力強い組織になった。若手の弁護士も増え、勉強会も活発に行われている。野球チーム（島根県弁護士会との連合チームである。）は、規程上の根拠は不明だが、なぜか強制加入団体だ。今年の弁護士会の野球大会では京都と岡山のチームにそれぞれ大差をつけられて敗北したが、行きのバスの中では、勝った後のことを心配していたほど強気

だ。帰りのバスの中では、「1回の裏がなければ岡山に勝っていた」「1回の裏はなかったことにして会誌に載せてしまおう」といった会話が交わされていた。恐ろしい集団である。

　狭くて小さい鳥取県だからこそ、頑張れば全国一の法曹先進県になれる可能性がある。本稿をご覧になった方の中に、そんな鳥取県で仕事をしたい、という方が出れば、これ以上の幸せはない。

## 7　鳥取ひまわり基金法律事務所のその後

　2007年9月末現在、鳥取ひまわり基金法律事務所があった場所には、「リーガルアライアンス鳥取あおぞら法律事務所」がある。勝浦敦嗣弁護士、瀬古智昭弁護士（公認会計士）、長村みさお弁護士の3名の弁護士が執務している。鳥取県米子市には、「リーガルアライアンス米子アザレア法律事務所」（杉山尊生弁護士、射場守夫弁護士）がある。

　私は、2007年9月に、鳥取市と米子市の中間に位置する鳥取県倉吉市に「リーガルアライアンス倉吉ひかり法律事務所」を開設し、濱田由紀子弁護士、辻本周平弁護士とともに、3名で執務を開始した。弁護士の高齢化が著しく、ひまわり基金法律事務所、法テラス地域事務所が置かれていた倉吉市。その弁護士過疎問題も、今月解消した。

　鳥取県弁護士会の会員は、44名（法人を除き）に増えた。同会の先輩方が取り組んで来られた司法過疎解消対策、その成果が花開く場面に立ち会えたことは幸運であった。

　相変わらず鳥取県弁護士会は明るい。勢いがある。10月、ついに岡山の野球チームに9-8で勝利した。3年前に夢のようだったことが、最近次々と起こる。2年前の記事には、「全国一の法曹先進県になれる可能性がある」と書いたが、あと10年くらいみんなで頑張ればなんとかなってしまうかもしれない。

　弁護士過疎は弁護士だけの問題ではない。そこに住む人々の生活や人権の

問題である。弁護士が少ない地域では、声が小さく、控え目な者の権利がごく自然に侵害されている。

　形式的には、弁護士過疎は、若手の弁護士を派遣して、孤軍奮闘させれば解消できる問題かもしれない。しかし、本当の意味で過疎を解消するためには、やる気のある弁護士が何人も力を合わせなければ達成できない。

　鳥取県弁護士会の取り組みが、今後の全国の弁護士過疎対策に一つの例になれば、という想いを抱いて、今日も仕事をしている。

（鳥取県弁護士会）

◎事務所へのアクセス
・JR山陰本線鳥取駅下車、徒歩20分
・鳥取空港からタクシーで約15分

## 初出一覧

『自由と正義』の巻号を表示した。

石見ひまわり基金法律事務所（國弘正樹）……………………………… 54巻8号(2003年8月)
紋別ひまわり基金法律事務所（亀井真紀）……………………………… 54巻9号(2003年9月)
平戸ひまわり基金法律事務所（相良勝美）……………………………… 54巻11号(2003年11月)
網走ひまわり基金法律事務所（河邊雅浩）……………………………… 54巻12号(2003年12月)
倉吉ひまわり基金法律事務所（佐野泰弘）……………………………… 55巻2号(2004年2月)
島原ひまわり基金法律事務所（金　昌宏）……………………………… 55巻3号(2004年3月)
人吉・球磨ひまわり基金法律事務所（蓑田啓悟）……………………… 55巻4号(2004年4月)
五所川原ひまわり基金法律事務所（花田勝彦）………………………… 55巻5号(2004年5月)
日南ひまわり基金法律事務所（吉田晋平）……………………………… 55巻7号(2004年7月)
宮津ひまわり基金法律事務所（由良尚文）……………………………… 55巻8号(2004年8月)
根室ひまわり基金法律事務所（米村哲生）……………………………………… 書き下ろし
知覧ひまわり基金法律事務所（永仮正弘）……………………………… 55巻11号(2004年11月)
横手ひまわり基金法律事務所（外山奈央子）…………………………… 55巻12号(2004年12月)
鹿屋ひまわり基金法律事務所（大山　勉）……………………………… 56巻1号(2005年1月)
熊野ひまわり基金法律事務所（池田慶子）……………………………… 56巻2号(2005年2月)
留萌ひまわり基金法律事務所（大谷和広）……………………………… 56巻3号(2005年3月)
宮古ひまわり基金法律事務所（田岡直博）……………………………… 56巻4号(2005年4月)
輪島ひまわり基金法律事務所（平良卓也）……………………………… 56巻5号(2005年5月)
丹波ひまわり基金法律事務所（東　泰弘）……………………………… 56巻7号(2005年6月)
益田ひまわり基金法律事務所（吉田隆宏）……………………………… 56巻8号(2005年7月)
玉名ひまわり基金法律事務所（田中裕司）……………………………… 56巻11号(2005年10月)
鳥取ひまわり基金法律事務所（曽我紀厚）……………………………… 56巻12号(2005年11月)

日本弁護士連合会
〒100-0013 東京都千代田区霞が関1-1-3　電話 03-3580-9841
同会のホームページに各地のひまわり基金法律事務所が紹介されています。
http://www.nichibenren.or.jp/ja/committee/depopulation/syoukai.html

## ひまわり基金法律事務所だより 第1集
### 弁護士過疎解消に挑む

2007年12月20日　第1版 第1刷

| 編　　者 | 日本弁護士連合会 |
|---|---|
| 発 行 人 | 成澤壽信 |
| 発 行 所 | 株式会社 現代人文社 |

〒160-0004 東京都新宿区四谷2-10 ハッ橋ビル7階
振替 00130-3-52366　電話 03-5379-0307（代表）
FAX 03-5379-5388　E-Mail hensyu@genjin.jp（代表）／hanbai@genjin.jp（販売）
Web http://www.genjin.jp

| 発 売 所 | 株式会社 大学図書 |
|---|---|
| 印 刷 所 | 株式会社 ミツワ |
| イラストレーション | おうみかずひろ |
| ブックデザイン | Malpu Design（長谷川有香） |

検印省略　PRINTED IN JAPAN　ISBN978-4-87798-356-7　C2032
©2007　日本弁護士連合会

本書の一部あるいは全部を無断で複写・転載・転訳載などをすること、または磁気媒体等に入力することは、法律で認められた場合を除き、著作者および出版者の権利の侵害となりますので、これらの行為をする場合には、あらかじめ小社また編集者宛に承諾を求めてください。